Peter Schütt

Warum der Himmel so hoch ist

Geschichten einer Kindheit an der Oste

Illustrationen von Petra Hempel

Für meine Lotusblume,
die ihre Kindheit nicht an der Oste,
sondern mitten im Panjab, dem pakistanischen Fünfstromland
zwischen den weiten Armen des Indus, verbracht hat

© 2013 Verlag Atelier im Bauernhaus
Die Geschichten „Meine Arche Noah", „Die Zauberer von Bornberg", „Das Krippenspiel",
„Weihnachten", „Aladins Wunderlampe" und „Nachruf auf eine altgediente Mühle" sind mit
freundlicher Genehmigung dem Buch *Notlandung in Turkmenistan. Dreiviertelhundert Kurz- und
Kleingeschichten*, MUT-Verlag Asendorf 1996 entnommen. Die Geschichte „Wiedergeburt" ist
mit freundlicher Genehmigung dem Buch *Allahs Sonne lacht über der Alster*, MUT-Verlag Asendorf
2002 entnommen.
www.atelierbauernhaus.de
ISBN 978-3-88132-364-2

Inhalt

Das Gras wachsen hören	5
Warum der Himmel so hoch ist	7
Meine Arche Noah	11
Hermann Pferdepfleger	15
Die Zauberer von Bornberg	19
Das Krippenspiel	29
Weihnachten	37
Das verkehrtherumige Pferd	45
Aladins Wunderlampe	55
Das Riesenspielzeug	63
Nachruf auf eine altgediente Mühle	67
Der alte Maler	83
Wir spielen Hochzeit	87
Wiedergeburt	95
Die Autoren	96

Das Gras wachsen hören

Ich liege im Grase auf der Wiese hinter dem Elternhaus. Über mir segeln die Wolken durch das blaue Meer des Himmels. Ein Bussard kreist hoch oben in den Lüften. Ein Flugzeug zieht einen Kondensstreifen hinter sich her. Libellen umschwirren mich. Die Grillen zirpen und übertönen den Verkehrslärm, den der Wind von der nahen Bundesstraße herüberweht. Eine Feldmaus streift vorüber. Sie beachtet mich nicht. Ein Fuchs nimmt meine Witterung auf und macht um mich einen großen Bogen. Ein Hase hoppelt vorüber und achtet, da ich flach auf dem Boden liege, meiner nicht. Ich höre das Gras wachsen. Ich stelle mich tot. Stelle mir vor, ich bin tot. Das Gras wächst weiter. Es wächst ganz langsam über mich. Über mir segeln die Wolken durch das blaue Meer des Himmels. Der Bussard kreist hoch oben in den Lüften. Ein Flugzeug zieht einen Kondensstreifen hinter sich her. Libellen schwirren umher. Die Grillen zirpen und übertönen den Verkehrslärm von der Bundesstraße. Eine Feldmaus streift vorüber und beachtet mich nicht. Ein Fuchs nimmt meine Witterung auf. Er merkt, dass von mir keine Gefahr ausgeht und schleicht sich näher. Er ist neugierig und beginnt in meinen leeren Taschen zu wühlen. Ich lebe nicht mehr und lebe doch fort in alldem, was da kreucht und fleucht. Ich lebe und sterbe mit dem Gras, das wächst und vergeht. Ich bin ein Grashalm, der sich wiegt im Sommerwind. Vielleicht wird ein Grassame vom Wind aufgehoben und herübergetragen auf das andere Ufer. Wenn der Same dort auf fruchtbaren Boden fällt, kann er, so Gott will, neue Wurzeln schlagen.

Warum der Himmel so hoch ist

Als ich bald nach dem Krieg in mein Fragealter kam, war mein Vater weit weg im Lager und ich konnte ihm keine Fragen stellen. So lief ich hinüber zu Bauer Jungclaus, der den Kindern im Dorf an warmen Sommerabenden von den Anfängen dieser Welt erzählte. Er war in seinem Leben weit herumgekommen, war in seiner Kriegsgefangenschaft sogar in Ägypten gewesen und hatte die Pyramiden mit eigenen Händen berührt. Er wusste über die Anfänge der Schöpfung viel mehr, als im Alten Testament schon geschrieben stand.

„Opa Jungclaus!", wollte ich wissen, „wie kommen die Sterne an den Himmel?"

„Pass auf, mein Junge! Als der liebe Gott müde geworden war von all seiner Arbeit, die er mit der Erschaffung von Himmel und Erde hatte, da stützte er sich beim Spazierengehen gern auf einen Stock. Und damit dieser Stock auf dem Himmelsboden besser Halt fand, schlug er an der Spitze seines Spazierstocks einen Nagel ein. Und mit diesem Nagel stach er, wenn er sich stützen wollte, so heftig zu, dass dadurch kleine Löcher im Himmel entstanden. Durch diese Löcher im Himmelsdach, mein Jung, fallen, wenn es bei uns dunkel ist, einzelne Lichtstrahlen auf die Erde, und das sind die Sterne, die wir am Himmel sehen."

Ich fiel aus allen Wolken, so verblüfft war ich von dieser wunderbaren Erklärung. Als der Groschen bei mir gefallen war, nutzte ich die Gelegenheit und stellte Opa Jungclaus gleich noch eine andere knifflige Frage, die auch mit dem Himmel zu tun hatte.

„Opa Jungclaus, warum ist der Himmel so hoch, dass wir ihn gar nicht anfassen können?"

Diesmal überlegte mein Gewährsmann lange, aber dann hatte er die Antwort gefunden.

„Weißt du, Junge, die Mutter von Jesus hatte allerhand Mühe damit, die Windeln von ihrem Sohn zu waschen. Es gab damals genau wie heute kein Waschpulver und keine Seife. Da wurde Maria wütend und hat die schmutzigen Windeln so hoch in die Luft geschleudert, dass sie an den Himmelsrand flogen und oben an der Decke ein paar dicke Dreckflecken zurückgeblieben sind. Das sah der liebe Gott, er war sehr ärgerlich und schimpfte mit Maria. Aber die Mutter von Jesus bat ihn um Verzeihung. Und wie Gott so ist, hat er ihr auf der Stelle ver-

ziehen, und damit so eine Ferkelei nicht noch einmal passiert, hat er sich das Firmament in die Schulter gestemmt und den Himmel einfach um ein paar Meter angehoben. So bleibt der Himmel frei von all dem Schiet, den die Menschen auf der Erde machen, und der liebe Gott muss sich nicht mehr über jeden Gestank ärgern."

Meine Arche Noah

Als ich klein war, in meinen allerersten Schulferien, baute ich aus Holzscheiten, Stoffresten und Papierschnipseln ein Schiff. Ich zerriss mein Taschentuch, machte daraus große und kleine Segel und schrieb darauf mit Nasenblut meinen Namen. Dann fing ich zwei Marienkäfer, gab ihnen frische Blätter zum Fressen und setzte sie auf dem Schiff aus.

Am letzten Ferientag schickte ich mein Schiff auf große Fahrt. Ich ließ es samt Marienkäfern vorsichtig in das Wasser des Ihlbecker Kanals gleiten. Langsam löste sich das Schiff aus meinen Händen und vom Ufer los und trieb dann immer schneller den Kanal hinab. Ich lief meinem Traumschiff nach bis an die weit geöffneten Tore des Schöpfwerks. Dreimal drehte sich das Schiff im Kreise, es tanzte über den Malströmen, dann glitt es hinaus auf die Oste. Der Ebbstrom trieb mein Schiff hinaus in die offene See. Auf dem Deich versuchte ich, ihm noch eine Weile zu folgen. Doch hinter der Ostener Kirche verlor ich es endgültig aus den Augen.

Traurig kehrte ich heim. Ich wartete auf eine Nachricht oder auf ein Zeichen, dass mein Schiff irgendwo angekommen war.

Ich machte mir Sorgen um meine Marienkäfer, ob sie die weite Reise überstehen würden und genug Blätter zu fressen hätten. Nach mehr als zwei Jahren las ich in der Bibel – Zeitungen las ich damals noch nicht –, dass die von Noah gebaute Arche sicher am Berge Ararat gelandet war. Ich war erleichtert und wusste, dass auch meine beiden Marienkäfer die lange Reise gut überstanden hatten.

Es dauerte noch einmal genau vierzig Tage: Ich saß im Garten und machte meine Schularbeiten. Und plötzlich saßen sie auf meiner linken Hand. Die beiden Marienkäfer waren zurückgekehrt von ihrer Reise ans Ende der Welt.

Hermann Pferdepfleger

Hermann hieß er, einfach Hermann. Hermann hatte keinen Nachnamen. Er war Pferdepfleger auf dem Hartleff'schen Hof. Uns Kindern war er ein lieber Freund, auch wenn ihm die älteren Jungen manchmal einen bösen Streich spielten. Aber wenn die Bauersleute auf dem Felde arbeiteten und er allein auf dem Hof war, dann durften wir nach Herzenslust in den mächtigen Heu- und Strohbergen auf dem Dachboden Versteck spielen und uns kuschlige Höhlen bauen.

Hermann war schon seit Jahrzehnten auf dem Hof. In der Hitlerzeit waren sie mehrere Male vorbeigekommen und wollten ihn abholen. Er sollte in ein Heim und wer weiß wohin noch kommen. Aber Bauer Hartleff schaltete auf stur. Er hatte im Ersten Weltkrieg seine rechte Hand verloren und war auf Hermanns Hilfe angewiesen.

„Den brauch ich!", polterte der Bauer. „Keiner versteht so viel von Pferden wie der."

Sie boten ihm schließlich einen Kriegsgefangenen als Ersatz. Hartleff lehnte ab.

„Was ist", fragte er, „wenn der Krieg vorbei ist? Ich brauche so einen wie Hermann, weil nur Leute wie Hermann meine Pferde pflegen können."

Aber einen wie Hermann konnte sie ihm nicht bieten, weil sie längst alle Down-Kranken über den Jordan geschickt hatten. So überlebte Hermann die Nazizeit, und nach dem Krieg ging es auf dem Hartleff'schen Hof eine Zeit lang steil bergauf. Der Sohn kehrte aus russischer Kriegsgefangenschaft zurück, und Hermann hatte jetzt zwölf Pferde zu betreuen: sechs prachtvolle Ackergäule und sechs junge Reitpferde, die der Sohn züchtete und auf den Auktionen gegen viel Geld verkaufte.

Doch dann, Anfang der Sechzigerjahre, begann auf den Höfen in meiner niederelbischen Heimat das große Pferdesterben. Immer mehr Bauern trennten sich schweren Herzens von ihren Rössern, verkauften sie mit schlechtem Gewissen an den Schlachthof und kauften sich stattdessen einen Traktor. Das Blutgeld für zwei Schlachtrösser reichte gerade als Anzahlung. Hermann litt mit jedem Pferd, das den Hof für immer verließ, und wich solange nicht von seiner Seite, bis es auf dem Güterbahnhof in einen Waggon gestoßen worden war und seine letzte Reise antreten musste.

Als der letzte Ackergaul auf dem Hartleff'schen Hof verkauft werden sollte und der Sohn die Pferdezucht einstellte, da waren auch Hermanns Tage gezählt. Eines Morgens fand man ihn tot in seiner Koje, in der er fast ein halbes Jahrhundert lang neben seinen Pferden geschlafen hatte.

Beim Besuch des Grabes meiner Eltern auf dem Basbecker Friedhof entdeckte ich eam Rande des Hartleff'schen Familiengrabes Hermanns halbverwitterten Grabstein.

„Hermann – unser treuer Pferdepfleger 1910–1963" steht darauf.

Hermann konnte ohne seine Pferde nicht leben. Pferde waren die Lieblingstiere meines Propheten*, und schon darum kommen sie ins Paradies. Sie brauchen auch dort verständige Pfleger und Betreuer. Darum bin ich sicher, dass Hermann mit ihnen im Paradies ist.

* vgl. Biografie Peter Schütts auf Seite 96

Die Zauberer von Bornberg

Das Paradies meiner Kindertage war nicht weit vom Elternhaus. Es lag auf dem anderen Ufer des Ihlbecker Kanals und hieß bei den Einheimischen nur „de Kroog", der Krug. Auf dem großen Fachwerkbalken über dem doppeltürigen Eingang stand in altdeutscher Schrift geschrieben:

Adele Dohrmann Witwe = Ausspann
Kolonialwarenhandlung = Gastwirtschaft
Postannahme = Deckstation

Die „Krögersche", Witwe Dohrmann, die ihren Mann schon im Ersten Weltkrieg verloren hatte, war eine resolute Frau mit Haaren auf den Zähnen. Sie war geachtet und gefürchtet wegen ihres Bullens, den sie auf der großen Weide hinter dem Krug hielt. Dieses Tier hatte in den Tagen, als der Zweite Weltkrieg zu Ende ging, eigenmächtig in den Gang der Geschichte eingegriffen und das kleine Dorf Bornberg möglicherweise vor großem Unheil bewahrt.

In den Apriltagen des Jahres 1945, als die Front täglich und stündlich näherrückte, stürmten unangemeldet fünf Volkssturmmänner in die Gaststube der Witwe Dohrmann, hielten der Krögerschen einen Befehl vom Frontkommandeur unter die Nase und ließen sich auch durch wutschnaubende Proteste der Betroffenen nicht von ihrem Vorhaben abbringen. „Befehl ist Befehl!", beendete der Volkssturmführer den Wortwechsel und befahl seinen Leuten, zum Spaten zu greifen und auf der Bullenweide einen Graben zur Abwehr der alliierten Panzerspitzen auszuheben.

Witwe Dohrmann musste einsehen, dass sie gegen die Macht des Militärs wehrlos war, und sann auf andere Formen der Abwehr. Sie besann sich auf die natürlichste Lösung des Problems. Sie öffnete kurzerhand die Stalltür, und ihr Bulle stürzte sich voller Frühlingsgefühle auf die saftgrüne Wiese. Als das Tier statt einer Kuh nur die fünf Kuhlengräber auf seinem angestammten Kampfplatz erspähte, sah es rot und ging sofort zum Angriff über. Das letzte Aufgebot des dritten deutschen Reiches erkannte die Aussichtslosigkeit der Lage. Die fünf Vaterlandsverteidiger rannten davon, als liefen sie um ihr Leben. Die Krögersche empfing die Flüchtenden mit Spott: „Wenn der Bulle das nicht begreift, dann zeigt ihm doch den Wisch Papier und sagt ihm: Befehl ist Befehl!"

Doch den ortsfremden Völkssturmmannen war der Schreck in die Glieder gefahren.

Als wenig später die ersten amerikanischen Panzer durch Bornberg rollten, saßen sie tief im Keller und leisteten nicht den geringsten Widerstand. So war es letzten Endes dem unerschrockenen Bullen der Witwe Dohrmann zu verdanken, dass bei der Eroberung des Dorfes kein Schuss fiel und der Krieg seine Bewohner bis zuletzt verschonte.

Witwe Dohrmann verstand nur eine einzige Sprache, das niederelbische Plattdeutsch. Wer sich in dieser Mundart nicht ausdrücken konnte, der wurde weder in der Gaststube noch im Kolonialwarenladen bedient. Wenn eines der vielen Flüchtlingskinder aus Ostpreußen oder Schlesien, die der Krieg bis nach Bornberg verschleppt hatte, höflich und in richtigem Deutsch um ein Pfund Zucker oder Mehl bat, dann antwortete die Krögersche nur: „Wie heit dat, mien Lütt?", und wenn das Kind dann immer noch nach den richtigen Worten suchte, dann schickte sie den kleinen Kunden mitleidslos nach Haus, gleichgültig ob er die nötigen Lebensmittelmarken dabei hatte oder nicht. Wer nicht wusste, was Salz, Mehl oder Malzkaffee auf Platt hieß, der hatte bei der Witwe Dohrmann allemal schlechte Karten.

Besser als die Flüchtlinge aus dem Osten waren bei ihr die britischen Besatzungssoldaten angeschrieben. Wenn sie nach „salt" fragten, bekamen sie es prompt. Wollten sie „pepper", erhielten sie Pfeffer. Und baten sie um „malt-coffee", reichte die Krögersche ihnen ohne Wenn und Aber Malzkaffee.

Allerdings war es nicht wahr, dass die resolute Kolonialwarenhändlerin in den Tagen der Not überhaupt kein Hochdeutsch verstehen und sprechen konnte. Ich hab sie selber gelegentlich Hochdeutsch radebrechen hören, immer dann, wenn sie am Telefon stand. Bei Dohrmanns stand nämlich weit und breit das einzige Telefongerät, und die Krögersche nahm deswegen die Anrufe für das ganze Dorf entgegen.

„Worüm snackst du an dat Telefong jümmers Hochdütsch?", wollte ich einmal von der Krögerschen wissen, und sie gab mir eine Antwort, die mich zur damaligen Zeit restlos überzeugte:

„So een modernen Apporoot, de kann eenfach keen Platt verstohn. De kann blot hochdütsche Wöhr opnehmen!"

Zeitweise waren im Krug der Witwe Dohrmann vier britische Besatzungssoldaten einquartiert. Die Engländer waren im Dorf gern gesehene Gäste. Die Bomberger besannen sich darauf, was sie früher in der Dorfschule gelernt hatten: Niedersachsen hatte unter den Hannoverschen Königen mehr als hundert Jahre zum britischen Weltreich gehört. Und tausend Jahre früher waren die Angeln und Sachsen aus ihrer niederdeutschen Heimat nach England übergesetzt. Besonders beliebt waren die „Inglischen Onkels" bei uns Kindern. Wir bekamen von ihnen

Chewing Gum, Chocolate und Bananen geschenkt, Köstlichkeiten, die uns während der Nazijahre unbekannt geblieben waren. Am liebsten hörten wir die Radiomusik der Besatzer. „Negermusik" schimpfte meine Mutter, aber ihr Schimpfen machte die Angelegenheit nur noch spannender. In den meisten Häusern Bornbergs gab es in jenen Jahren noch keinen Strom und darum auch keinen Rundfunk, darum zogen die starken Empfangsgeräte der Engländer die Dorfkinder doppelt in ihren Bann. Gleich nach der Schule rannten wir über den Kanal rüber zum Krug. Vor der doppelten Eingangstür warteten wir dann geduldig, bis einer der Soldaten sich unser erbarmte, Rundfunk und Lautsprecher einschaltete und unseren Heißhunger auf fremde Rhythmen stillte.

In den letzten Wochen vor dem Abzug der Besatzungsmacht waren im Krug der Witwe Dohrmann drei Soldaten aus Indien stationiert. Ihre Anwesenheit, ihr geheimnisvolles Tun und Treiben weckte die Neugier aller Dorfbewohner, gleich ob jung oder alt. Die merkwürdigen Besatzer hatten schwarze Bärte, trugen mitunter einen hellen Turban und hatten an ihren Uniformen bunte Kordeln. Sie erinnerten zumindest uns Kinder an Gestalten aus den Märchen von Tausendundeiner Nacht, die uns die Mütter und Großmütter während der langen Nächte in den Luftschutzkellern vorgelesen hatten. Die Fremden zeichneten sich durch besondere Freigebigkeit aus, und ich werde nie vergessen, wie sie schon am Tage nach ihrer Ankunft eine ganze Kiste voller Datteln an uns Kinder verteilten. Die Datteln, von deren bloßer Existenz, Geschmack und Herkunft ich vorher nicht die geringste Ahnung hatte, zergingen mir im Munde wie zarteste Paradiesesfrüchte. Ich bin diesen süßen Geschmack seither nicht mehr losgeworden. Vielleicht hat dieser frühe Genuss der fremden Frucht Einfluss auf mein ganzes weiteres Leben gehabt. Er hat in mir eine unbändige Lust auf die Früchte des Orients geweckt, die mich nicht mehr losgelassen und mich in manches ferne Land getrieben hat.

Jeden Abend saßen die indischen Soldaten im Dienste Seiner Majestät des Königs von England in der Gaststube und zogen die neugierigen Blicke der Einheimischen auf sich. Als ich einmal das Glück hatte, von meiner Mutter noch nach dem Dunkelwerden zum Einkaufen geschickt zu werden, hatte ich einen guten Grund, mich nach den Soldaten umzuschauen. Sie hatten ihre Stiefel ausgezogen und vor die Tür gestellt. Ich sah die drei Männer auf einem bunten Teppich knien. Dann erhoben sie sich, verbeugten sich mehrmals und warfen sich endlich ganz zu Boden. Dazu hörte ich sie geheimnisvolle Worte sprechen: „Abrakadabra" verstand ich, und immer wieder „Simsalabim".

Ich war schrecklich neugierig, was all das zu bedeuten hatte, und nahm mir ein Herz, um Frau Dohrmann nach dem Sinn des Ganzen zu fragen. Sie nahm mich zur Seite und flüsterte mir ins Ohr: „Mien Jung, dat sünd Zauberers. Do goht fiefmohl annen Dach vör jemme Herrgott op de Knee."

„Und denn köhnt se zaubern?", wollte ich wissen.

„Den hebt se Zauberkraft!", wurde ich belehrt. „Und mit disse Zauberkraft sünd se dürch de Luft segelt von Indien gradenwechs no Bornbarch!"

Ich rannte aufgeregt nach Haus und vergaß sogar das Salz, das ich einkaufen sollte. Stattdessen erzählte ich meiner Mutter und meiner Schwester, im Krug wären Wundertäter gelandet, die wären direkt vom Himmel gefallen. Meine Schwester wusste sofort Bescheid: „Das sind die Heiligen Drei Könige aus dem Morgenland!" und lief fort aus dem Haus, um die Wundertäter mit eigenen Augen zu sehen.

Das Krippenspiel

Die Zeit dazwischen, jene drei oder vier Jahre zwischen dem Ende des Zweiten Weltkriegs und dem Neuanfang nach der Währungsreform und der Gründung der Bundesrepublik, kommt mir heute in der Erinnerung vor wie eine einzige Weihnachtszeit. Es war eine beinahe windstille Zeit, fast ohne Männer: Die meisten waren im Krieg geblieben oder saßen noch in Kriegsgefangenschaft. Ohne elektrisches Licht: Unser Dorf war noch gar nicht ans Stromnetz angeschlossen. Und weil wir zu Haus kein Radio und keine Zeitung hatten, ohne Verbindung zur Außenwelt. Die Frauen hatten auf den Bauernhöfen und in den Häusern die Männerhosen an, im wörtlichen und im übertragenen Sinn. Sie hatten überall das Sagen, auch in meinem Elternhaus.

Mein Vater war als kleiner Nazi im Internierungslager bei der britischen Besatzungsmacht zwecks Umerziehung und Entnazifizierung inhaftiert, so dass meine Mutter allein für mich und meine beiden jüngeren Schwestern sorgen musste. Ich war damals noch ein kleiner Junge, aber als ältester Sohn und einziges männliches Wesen in der Familie wuchs mir in dieser Zwischenzeit des Matriarchats eine Autorität zu, die weit über meine kindlichen Leibes- und Verstandeskräfte hinausragte. Mein Vater war Lehrer, war zeitlebens Lehrer an der strohgedeckten einklassigen Schule Basbeck am Moor, mit Ausnahme seiner drei Haftjahre. In dieser Zeit der Gesetzlosigkeit kam einmal in der Woche ein unbelasteter Lehrer aus dem Nachbarort, um wenigstens eine erzieherische Notversorgung von uns Moorkindern aufrechtzuerhalten. An den übrigen fünf Tagen übernahm meine Mutter stellvertretend den Schulunterricht, obgleich sie keinerlei pädagogische Ausbildung besaß. Aber sie erfüllte ihre Aufgabe mit Fleiß und Hingabe und half dadurch, ihre Familie zu ernähren. Sie bezog zwar kein Gehalt, aber die Bauern aus der Nachbarschaft behandelten sie wie einen Lehrer im Dienst. Aufgrund der Gemeindeordnung waren sie der Lehrerfamilie zu Hand- und Spanndiensten verpflichtet und mussten mit ihren landwirtschaftlichen Erzeugnissen zum Unterhalt beitragen.

Für die eigenen Kinder war es natürlich ein großes Glück, die Mutter zugleich zur Lehrerin zu haben. „Frau Lehrer" versah ihren Schuldienst meistens von der Küche aus, denn von

dort öffnete sich gleich neben dem Herd eine Tür direkt in die Schulstube. Auch die übrigen Kinder kamen gern zu Muttern in die Schule, nicht zuletzt wegen der Schulspeisung, die sie jeden Morgen aus Spenden der Quäkerstiftung und aus dem Inhalt der Care-Pakete aus Amerika zubereitete. Meistens wurde ein großer Topf Griessuppe gekocht, aber je näher das Weihnachtsfest rückte, desto mehr Backpflaumen, Trockenfrüchte oder Rosinen wurden unter die dicke Suppe gemischt.

Der Unterricht meiner Mutter war mehr auf Lebens- als auf Schulbuchweisheiten ausgerichtet. Im Winterhalbjahr stand zudem die Kunsterziehung im Vordergrund. Meine Mutter erwies sich als begnadete Theaterregisseurin und inszenierte alle Jahre wieder mit allen acht Klassen zusammen und mit Unterstützung des halben Dorfes im Gasthof „Zur Linde" ein prachtvolles Krippenspiel. Der taubstumme Heini Peper, einer der letzten überlebenden Männer, spielte den Heiligen Joseph. Er kniete während des ganzen frommen Spektakels ausdauernd neben der Krippe, nickte von Zeit zu Zeit freundlich der Gottesmutter zu und präsentierte den Zuschauern mit starrem Lächeln seinen zahnlosen Mund. Unsere Dorfschönheit, die sommersprossige, rothaarige Bürgermeisterstochter Helga

Heinsohn, durfte die Jungfrau Maria darstellen und trug dazu das eingemottete Brautkleid ihrer Mutter. Auch das Christkind war nicht aus Holz oder Stroh, sondern aus Fleisch und Blut. Seinen Part übernahm eines der wenigen Kinder, das in jenen vaterlosen Zeiten in Basbeck am Moor zur Welt gekommen war. Es war das Kind einer verbotenen Liebe zwischen einer deutschen Kriegerwitwe und einem ehemaligen polnischen Zwangsarbeiter, das dank der geschickten Regie meiner Mutter so von allem Makel befreit werden sollte.

Die Hauptlast lag natürlich bei den Schulkindern. Alle, gleich ob einheimisch oder Flüchtlingskind, ob evangelisch oder katholisch, ob Mädchen oder Junge, mussten mit auf die Bühne. Die meisten Mädchen traten als Engel auf, mit echten Gänseflügeln, mit Engelshaar aus reinstem Flachs und mit mehr oder weniger weißen Nachthemden. Wir Jungen verwandelten uns in Hirten und trugen lange Bärte aus Schafwolle, lange Hirtenstäbe aus Weidenholz und dieselben mit Stroh gepolsterten Holzpantinen, in denen wir sonst zur Schule gingen. Wie bei der echter Christgeburt nahmen auch die Tiere an dem freudigen Ereignis gebührend teil. Unsere treue Senta spielte den Hirtenhund mit hündischer Ergebenheit. Das altgewordene

Pony einer Bauersfrau aus der Nachbarschaft kaute während des ganzen Krippenspiels andächtig an einer Handvoll Stroh, und Frieda, Mutters treues Milchschaf, harrte voller Eselsgeduld neben der Krippe aus und begann jedesmal gotterbärmlich zu blöken, wenn der Chor der Engel und Hirten seinen feierlichen Jubelgesang anstimmte. Das Basbecker Krippenspiel in der Inszenierung meiner Mutter kam im Übrigen fast ohne Worte aus und erreichte seine suggestive Wirkung auf die Zuschauer mit Hilfe pantomimischer Darstellungsformen. Nach der Verkündigung der Frohen Botschaft in der lokalen Variante – „Als Dibelius Landbriefträger in Sibirien war ..." – gab es während der Aufführung nur wenige plattdeutsch gesprochene Merksätze. Wenn Maria ihren Freudenschmerzensschrei ausstieß:

„Kiek ens, Josef, wat för eenen söten Jungen, uns Heiland un uns Herrgott!", dann war der ganze Saal von lauter Jubel erfüllt, und wir alle hatten in diesen Augenblicken wirklich das Gefühl, mit den Hirten auf dem Feld zu singen und Zeugen eines göttlichen Wunders geworden zu sein. Die Diele des Gasthofes, die gewöhnlich nichts als eine Bauernscheune war und nur zu feierlichen Anlässen in einen Festsaal umdekoriert wurde, verwandelte sich vor unseren Augen in den Stall von Bethlehem. Basbeck am Moor wurde zur Stadt Davids und darum hießen unsere Nachbardörfer Sethlerhemm – das klang fast wie Bethlehem – und Himmelpforten. Genau dort, erzählten die Großmütter, seien die Engel den Hirten erschienen und hätten ihnen die Frohe Botschaft verkündet!

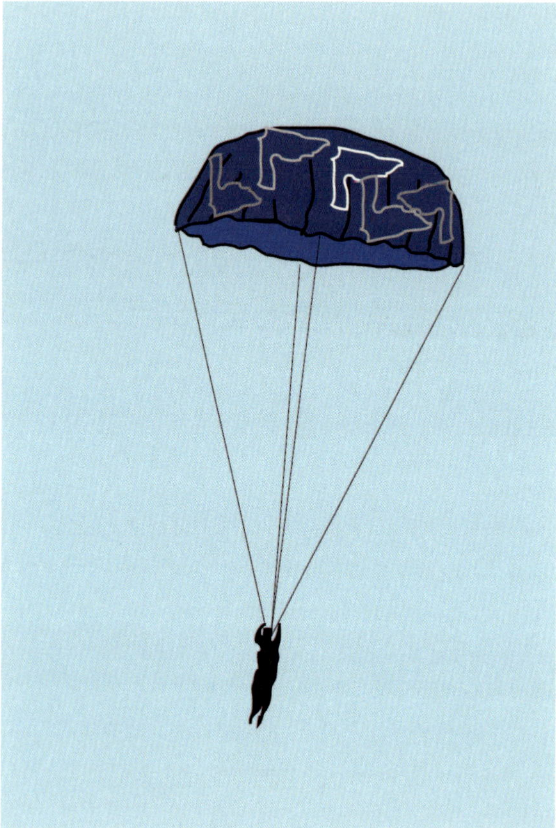

Weihnachten

Jene vom Weihnachtszauber überstrahlten Kindheitstage sind mir im Gedächtnis geblieben als eine Zeit, in der das Geld fast keine Rolle mehr spielte. Naturalwirtschaft und Tauschhandel bestimmten das Leben auf dem Lande, und als wichtigste Währung dienten die grünen Kaffeebohnen, die uns die Verwandten aus Amerika zu Weihnachten im Paket schickten. Sie wurden von unserer Mutter in der Pfanne über dem Herdfeuer geröstet und danach grammweise getauscht gegen Butter, Mehl und Zucker, die unentbehrlichen Zutaten für das Weihnachtsgebäck, das auch in den allerärmsten Jahren nie gänzlich fehlte. Alle Geschenke waren aus der Not geboren und hatten darum viel mehr Gewicht als alle Gaben in den Zeiten des Überflusses.

Wie alle alleinstehenden Frauen in jener Zeit war meine Mutter eine wahre Überlebenskünstlerin und vollbrachte auch als Schneiderin in der Vorweihnachtszeit wahre Wunderwerke. Aus einer ausgedienten Hakenkreuzfahne nähte sie heimlich nachts für meine beiden Schwestern zwei knallrote Röcke, und das Weiß der Kreuzeshaken wusste sie so zurechtzuflikken, dass daraus noch eine blanke Bluse für meine jüngste Schwester entstand. Ich selber bekam zu Weihnachten einen Anzug aus Zeltstoff und einen dicken warmen Wintermantel, den meine Mutter aus einer Militärwolldecke für mich maßgeschneidert hatte. Als eine Nachbarin kurz vor dem Fest den Stoff eines vor Kriegsende abgestürzten britischen Fallschirms vorbeibrachte, machte meine Mutter damit auf einen Schlag alle acht Schulmädchen glücklich.

Ein jedes Mädchen, gleich ob aus dem Dorf oder aus der Fremde, bekam von ihr zu Weihnachten eine nagelneue Bluse aus feinster blauer Fallschirmseide. Die blauen Blusen hatten sogar über die frühen Jahre hinaus Bestand. Sie wurden von den älteren an die jüngeren Schwestern weitergegeben und verkündeten so noch lange den Ruhm von Mutters vorweihnachtlichen Zauberkünsten.

Da das Schöpfwerk, das in normalen Zeiten unser Moordorf entwässern sollte, aufgrund der Kriegsschäden immer noch außer Betrieb war, meldete Basbeck am Moor damals jeden Winter aufs Neue Landunter. Die Bauernhöfe und unsere Zwergschule ragten wie Inseln aus dem Meer, und wir waren

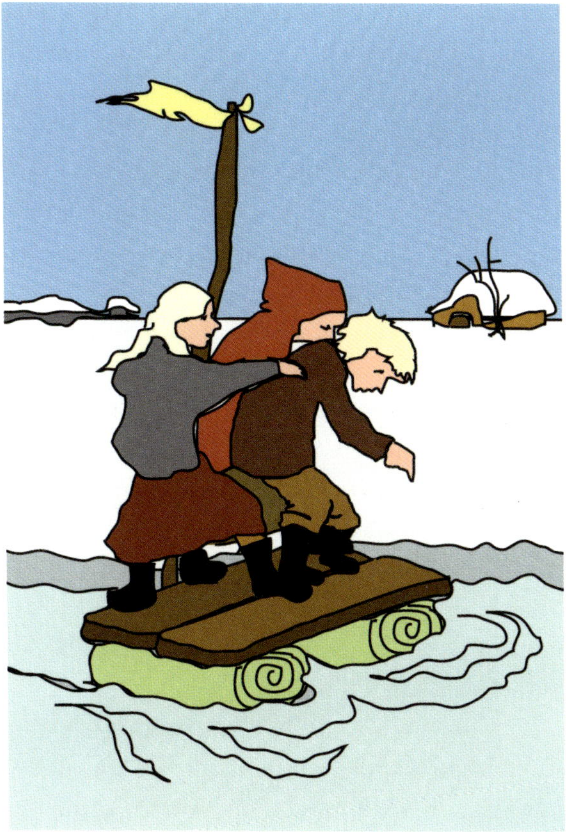

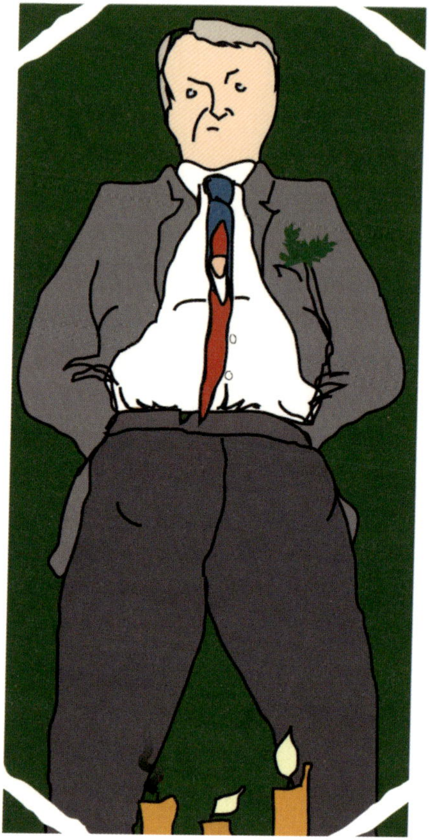

in den Wintermonaten wochenlang von der großen, weiten Welt abgetrennt. Uns Kinder bekümmerte das nicht, wir fühlten uns selig wie auf der Arche Noah und waren glücklich, weil auch kein Oberlehrer von auswärts kommen konnte, um unseren Schulfleiß zu kontrollieren. Als an einem Weihnachtsfest jener Jahre das Wasser bis fast vor die Haustür reichte, bescherte mir das Christkind das schönste Weihnachtsgeschenk meiner ganzen Kindheit: einen moor- und meertauglichen Fährdampfer, den meine Mutter selber aus zwei großen Holzbohlen und vier Benzinkanistern aus Wehrmachtsbeständen zurechtgeschnürt hatte. Auf diesem Schiff befuhr ich fortan mit Hilfe eines langen Stakens allein oder mit meinen Schwestern als Passagiere die überschwemmten Wiesen und Weiden des Dorfes und konnte bei den Bauern der Nachbarschaft für meine Mutter fast alle Besorgungen und Tauschgeschäfte erledigen.

Doch die Zeit meiner Weihnachts- und Wintermärchen ging rasch zu Ende. Kurz vor Weihnachten 1948 kehrte mein Vater aus dem Internierungslager zurück und versuchte sofort, seine Stellung als Familienoberhaupt und Patriarch zurückzugewinnen. Ich fühlte mich von ihm gänzlich beiseitegedrängt und begann nach Wegen zu suchen, um mich gegenüber der fremdgewordenen Autorität zu behaupten. Als ein Bauer zwei Karpfen zur Begrüßung meines Vaters und zur Feier des Weihnachtsfestes vorbeigebracht hatte, taten mir die Fische sehr leid, weil ich ahnte, dass sie zum Heiligen Abend grausam geschlachtet werden sollten. In der Nacht vor dem Festtag, in der überall die merkwürdigsten und wundersamsten Dinge zu geschehen pflegten, schlich ich mich in die Küche, nahm den Wassereimer und trug die beiden Fische hinaus ins Freie. Unsere brave Senta begleitete und beschützte mich, ohne zu bellen oder sonst einen verdächtigen Lärm zu machen. Vorsichtig setzte ich die Karpfen ins Wasser, das schon wenige Meter hinter der Küchentür tief genug war, um die Fische sicher davonschwimmen zu lassen. Im hellen Vollmondschein konnte ich voller Stolz und Glücksgefühl beobachten, wie beide Fische sich sofort in ihrem Element fühlten, lebhaft zu zappeln begannen und dann feierlich davonglitten, hinaus in die Freiheit. Als mein Vater am Morgen des Heiligen Abends die Bescherung entdeckte, war der Prügelknabe rasch gefunden. Mein Vater verwandelte sich in den wütenden Knecht Ruprecht, den

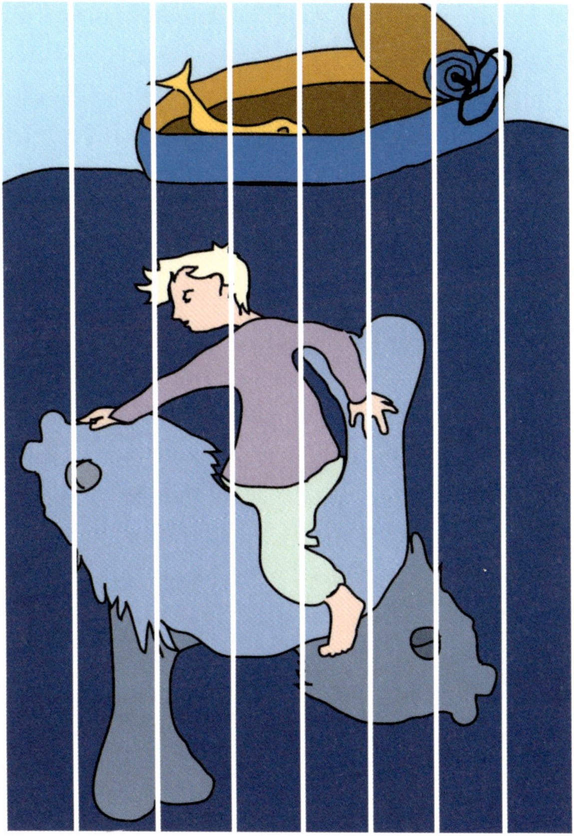

wir vor dem Rückfall ins Patriarchat nicht gekannt hatten, und holte seine Rute aus dem Sack. Ich selber wurde bis zum anderen Morgen in das Kinderzimmer eingeschlossen, bekam nur Wasser und Brot und erhielt keinerlei Geschenke. Während meiner weihnachtlichen Gefangenschaft dachte ich wehmütig an die beiden Fische, die ich vor dem sicheren Tod gerettet und in die Freiheit entlassen hatte. In Gedanken schwamm ich mit ihnen durch die Sümpfe unseres Moores und ahnte, dass es nun zu Ende ging mit der ewigen seligen Weihnachtszeit. Das Christkind der Nachkriegsjahre kam nie mehr wieder in unser Haus. Fortan übernahm mein Vater auch die Rolle des strafenden Weihnachtsmannes, und eh wir unsere Geschenke bekamen, mussten wir ihm Gehorsam geloben und ihn furchtsam bitten:

Lieber guter Weihnachtsmann, schau uns nicht so böse an

Das verkehrtherumige Pferd

Eigentlich gab es damals wenig zu lachen. Es gab schließlich wenig zu beißen. Die ersten Jahre nach dem verlorenen Krieg waren Hungerjahre. Alle waren damit beschäftigt, sich irgendwie durchzuschlagen. Aber unseren Spaß hatten wir doch, wir Kinder genauso wie die Erwachsenen.

Vor allem dann, wenn unser an der ganzen Niederelbe berühmter Schausteller Carl Luttkau zum Pfingstfest auf dem Schützenplatz in Bornberg sein Zelt aufschlug. Sein Zelt, das war ein zerschlissenes und zerbeultes Küchenzelt der Wehrmacht, das während der Kriegsjahre ziemlich weit in der Welt herumgekommen war. Carl Luttkau zog mit seinem Planwagen, auf dem er sein Zelt, seinen Krempel und seine beiden Zirkustiere verstaut hatte, im Sommer von Dorf zu Dorf, um auf Märkten und Festen seine Künste zu präsentieren.

Sein Programm wechselte mit den Jahren. Für 1948, das Jahr der Währungsreform, hatte er sich etwas ganz Besonderes ausgedacht. Für zehn Pfennig Eintritt nach dem neuen Geld – Kinder zahlten die Hälfte – führte er seinem Publikum drei wahre Intelligenzbestien vor, schlaue Tiere, mit deren Weisheit sich kein normaler Menschen messen konnte. Sein Zelt war wie fast immer bis auf den letzten Platz gefüllt. Alle Bornberger warteten gespannt auf das angesagte tierische Vergnügen. Zu Beginn seiner Vorstellung stellte der Schausteller seinen Gästen eine eher peinliche Frage, die damals hinter vorgehaltener Hand gleichwohl heftig diskutiert wurde.

„Warum", fragte Carl Luttkau seine Gäste, „warum wohl hat Deutschland den Krieg verloren?"

Die Frage löste einige Verwirrung und Ratlosigkeit aus. Unter den Augen der britischen Besatzungsmacht, die auch auf diesem Fest in Gestalt zweier Soldaten in Ausgehuniform präsent war, wagte kaum jemand offen seine Meinung zu sagen. Die wenigen, die überhaupt den Mut hatten, sich zu Wort zu melden, meinten, der kalte russische Winter sei schuld gewesen und hätte die Armee zum Rückzug gezwungen. Unser politisch stets korrekter Schausteller bezweifelte, ob es wirklich bloß am Wetter gelegen hätte. Er schlug vor, die erste seiner Intelligenzbestien zu fragen. Der Meister lüftete das Tuch, mit dem er den Käfig seines Papageien zugedeckt hatte, und öffnete die Klappe. Nach einigem Zögern flog der kluge Vogel heraus und drehte über den geduckten Köpfen der Zuschauer

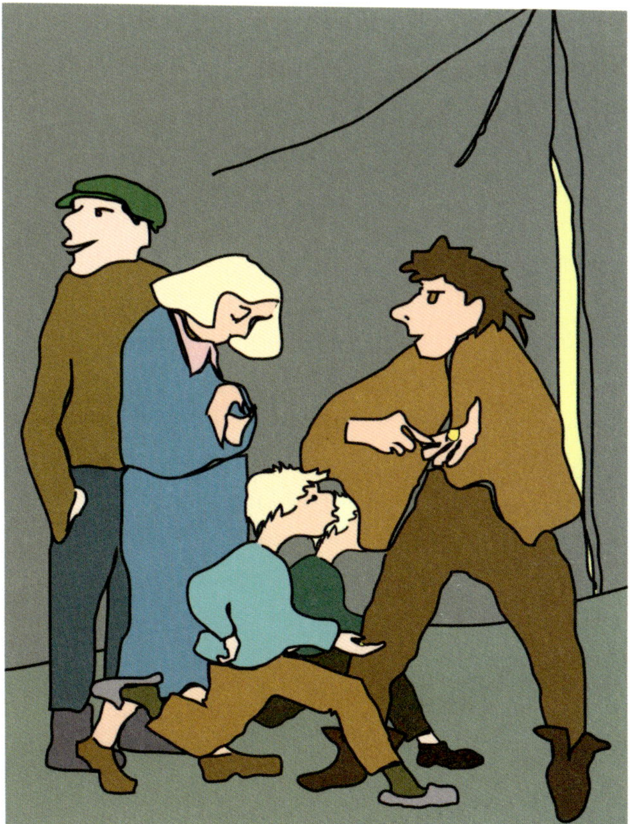

einige Runden. Dann ließ er sich auf der Schulter seines Besitzers nieder und zupfte selbigen am Ohr.

„Was meinst du, Lora?", fragte Carl Luttkau seinen Grünschnabel, „Warum hat Deutschland den Krieg verloren?"

Die gefragte Pagageiendame wiegte mehrere Male den Kopf auf und ab und gab endlich Antwort. Sie fiel unmissverständlich aus: „Heil Hitler! Heil Hitler! Heil Hitler!"

Da hatten die Leute nun ihre Antwort, um die sie sich so gern herumdrückten. Hitler selbst war schuld am verlorenen Krieg. Ihm hatten sie immerfort „Sieg" und „Heil" zugerufen, und ihm zuliebe hatten sie sich sogar statt mit „Guten Tag" mit dem Hitlergruß begrüßt. „Heil Hitler", das waren die einzigen Worte, die der Paradiesvogel in den großen Zeiten gelernt hatte, und nach dem Ende des Spuks hatte Carl Luttkau vergeblich versucht, ihm diesen „Deutschen Gruß" abzugewöhnen. Der Schausteller war drauf und dran, seinen Grünschnabel auf dem Schwarzen Markt zu verkaufen, aber zu guter Letzt fand er doch noch einen Weg, seinen unbelehrbaren Vogel zu entnazifizieren. Er nahm ihn in den Dienst der demokratischen Umerziehung und richtete ihn dazu ab, den deutschen Landsleuten den Spiegel über ihre eigenen Dummheiten vorzuhalten. So durfte er weiter sein gut gelerntes „Heil Hitler" krächzen.

Nicht alle Gäste waren über die Darbietung amüsiert. Nicht wenigen war ihre Verlegenheit deutlich anzumerken. Darum waren sie erleichtert, als der Schausteller seine zweite Lektion in tierischer Weisheit ankündigte. Die Fragestellung war nicht weniger knifflig. Sie führte nicht bloß in die letzten Jahre des gerade untergegangenen Dritten Reiches zurück, sondern stieg viel tiefer hinab in den Brunnen der menschlichen Geschichte. Carl Luttkau wollte von seinen Gästen wissen:

„Wer weiß es? Mit welchen Mitteln ist es Eva gelungen, Adam zu verführen, mit ihr zusammen die Früchte vom Baum der Erkenntnis zu probieren?"

Alle schüttelten den Kopf. Es war klar, keine Menschenseele konnte das wissen. Der gewiefte Unterhaltungkünstler machte einen Vorschlag:

„Ich hab ein Tier, das unheimlich schlau ist. Es war sogar dabei, als Eva sich an Adam heranschlich."

Er verschwand hinter dem Vorhang und kam mit einer Kiste zurück.

„Nun ratet mal, was für ein Tier da drin steckt!"

Keiner der im Zelt Anwesendes erriet es, bis sich endlich meine Mutter zu Wort meldete.

Eine Schlange!", meinte sie.

„Richtig, Frau Lehrerin!", antwortete der große Meister. „Eine Paradiesschlange!"

Mit bloßen Händen holte er die Schlange aus der Kiste und legte sie auf die Wolldecke vor sich. Kein Zweifel, das war keine gewöhnliche Blindschleiche oder eine Kreuzotter, das war eine schlauere Schlange. Sie konnte sich nicht nur schlängeln, sie konnte sich winden und wenden, sie konnte ihren Kopf erheben und sich steil wie ein Zeigefinger aufrichten. Als sie erhobenen Hauptes in die Runde blickte, stellte der Tierversteher ihr die Frage der Fragen, deren richtige Beantwortung das Liebesleben der Bornberger sicher um einige Grade verbessert hätte.

Die Schlange schien zu überlegen. Sie wiegte den Schlangenkopf hin und her und begann dann laut und vernehmlich zu zischen. Die Schlange zischelte nicht nur. Sie streckte den Zuschauern mehrmals ihre Zunge entgegen und begann schließlich wie nichts Gutes zu züngeln, als wollte sie nur Gerüchte streuen.

„Was willst du uns mit deiner glitschigen Zunge eigentlich sagen?", drang Carl Luttkau auf sein Schlangentier ein. Die

Gefragte gab ebenso wie der Papagei dreimal den gleichen Laut von sich:

„Tsch! Tsch! Tsch!"

„Aha", interpretierte der Meister seine allwissende Assistentin. „Du meinst: Psst! Wir sollen gefälligst den Finger vor den Mund halten. Evas Geheimnisse gehen niemanden etwas an! Sie müssen bis in alle Ewigkeit geheim bleiben!"

Unter den Gästen der Vorführung regte sich Unmut. Einige Frauen protestierten:

„Das ist Betrug! Wir haben schließlich unseren Eintritt bezahlt. Wir wollen wissen, was die Schlange weiß!"

Die Schlingelige zog es vor, sich vor der Antwort zudrücken. Sie rollte sich zusammen und stellte sich schlafend.

Nach seiner Schlangennummer kündigte Carl Luttkau eine große Pause an. Er lud seine Gäste zum Imbiss ein. Er servierte zwar keine gebratene Schlange, dafür aber geräucherte Aale, die er selber in der Oste gefangen und eigenhändig zubereitet hatte. Den älteren unter seinen Gästen bot er seinen bewährten Zaubertrunk an. Dazu benutzte er Ostewasser, das er selber in der Osternacht unter der Ostener Schwebefähre geschöpft hatte. Damit köchelte er einen Sud aus Brennnesseln, Sauerampfer, Brombeerblättern, Baldrian und wilden Meerrettichwurzeln, der gut sein sollte gegen Gicht, Ischias, Rheuma und andere peinvolle Gebrechen. Der Aufguss schmeckte zwar scheußlich, aber alle, die ihn zu sich nahmen wie eine bittere Arzenei, schworen auf seine heil- und wundersame Wirkung.

Der Pause folgte die grandiose Schlussnummer. Um den großen Auftritt gebührend vorzubereiten, hatte sich der Komödiant einen besonderen Clou ausgedacht. Er kam mit seinem Pferd, das er seinem Vorbild Don Quixote zuliebe Rosis Tante nannte, rückwärts ins Zelt geritten. Nicht nur der behäbige und weißmähnige Wallach trippelte rückwärts unters Zelt, auch der große Meister hockte mit dem Rücken zum Pferdekopf im Schneidersitz im Sattel. Statt „liebe Leute" redete er jetzt sein verehrtes Publikum mit „Meine Damen und Herren" an.

„Ich präsentiere Ihnen ein Pferd, das etwas kann, was noch kein anderes Exemplar seiner Rasse zustande gebracht hat. Mein verkehrtherumiges Pferd, meine Rosis Tante, kann nicht nur mit dem Kopfwiehern, es wiehert ebenso laut mit seinem Hinterteil."

Das Bornberger Publikum, bäuerlicher Abkunft zumeist, fing sofort an zu lachen. So unglaublich kam ihm der Bär

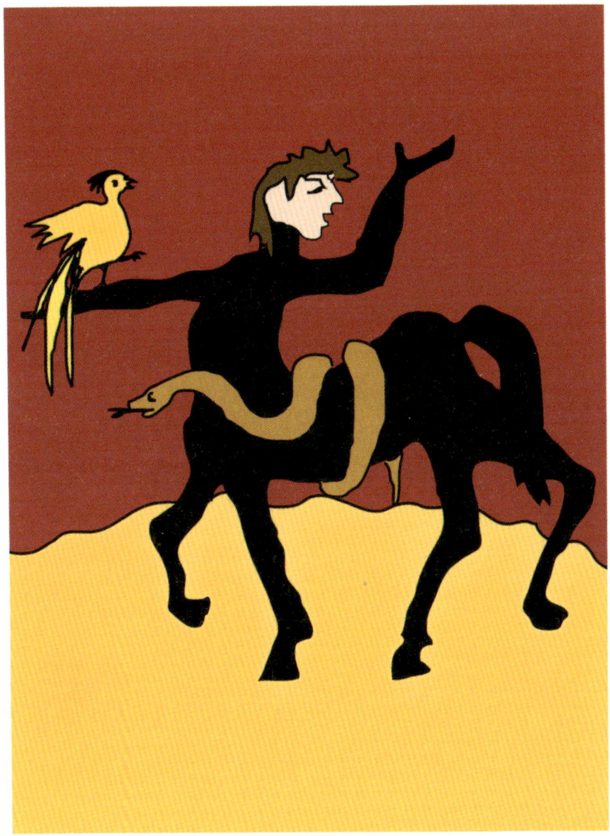

vor, der ihm da aufgebunden werden sollte. Doch das Wunder nahm seinen Lauf. Mit seinen Füßen begann Carl Luttkau seinen Gaul den Bauch zu massieren, und schon löste sich aus der von der Natur dafür vorgesehenen Öffnung ein erster noch leiser Furz. Weitere, lautere Fürze folgten und steigerten sich zu einem regelrechten Trompetensolo. Die Gäste bogen sich vor Lachen, doch die Leute mit empfindlichen Nüstern drängten ins Freie, weil sich durch die freigesetzten Darminhalte des Wallachs unter dem Zeltdach ein beißender Ammoniakduft ausbreitete, der manchen Hustenreiz auslöste. Der Schausteller ließ alle Kritik und alle Buhrufe geduldig über sich ergehen. Wer es wissen wollte, dem erteilte er bereitwillig Auskunft, wie er sein Pferd zu seinem verkehrtherumigen Wiehern gebracht hat.

„Ganz einfach", erklärte der Tierversteher. „Ich habe meine Rosis Tante gestern mit einer ganzen Ladung von Rot-, Weiß- und Grünkohl gefüttert! Für mich zählt, was am Ende herauskommt! Auch wenn es nur heiße Luft ist!"

Aladins Wunderlampe

Als ich das Licht der Welt erblickte, sah die Welt ziemlich düster aus. Es war an einem dunklen Dezembertag im ersten Jahr des Zweiten Weltkrieges, eine knappe Stunde nach Sonnenuntergang. Das Licht, das ich zuerst erblickte, war ein unruhiges und flackerndes Licht, es stammte von einer Petroleumlampe. Dieses ruhelose und sich selbst verzehrende Licht begleitete mich bis zu meinem zwölften Lebensjahr. Der Teil des Dorfes, in dem ich meine Kindheit verbrachte, war vom Ortskern mehr als drei Kilometer abgelegen, er bestand aus ganzen achtzehn verstreuten Bauernhöfen und erhielt erst 1951 endgültig elektrischen Strom.

Ich erinnere mich noch wie heute an den Tag im Herbst, als unser Haus an das Stromnetz angeschlossen wurde und mit einem Male in allen Zimmern die gleißend hellen elektrischen Glühbirnen aufleuchteten, die meine Eltern in Erwartung des neuen Lichts schon ein ganzes Jahr früher besorgt hatten. In dieser Nacht ging bei uns im Haus das Licht überhaupt nicht aus. Wie alle unsere Nachbarn feierten auch wir den Anbruch

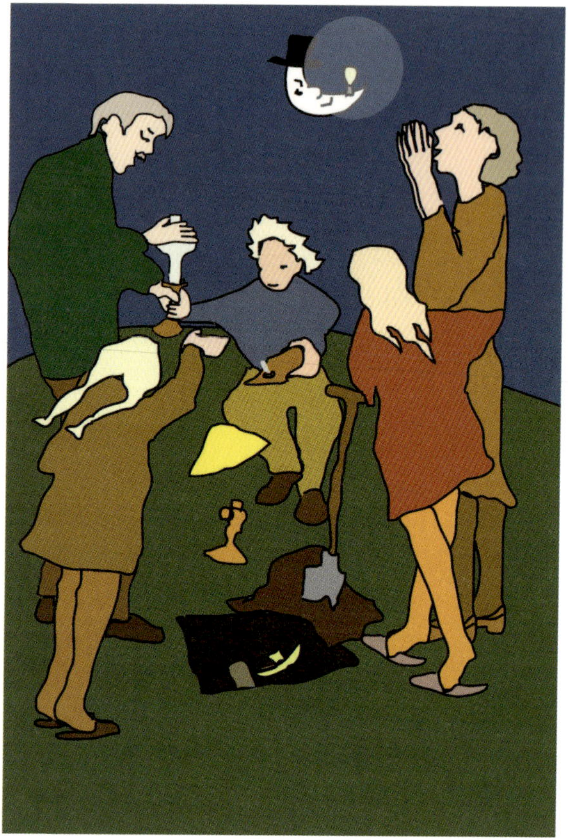

des neuen Zeitalters, in dem die Sonne nie mehr untergehen sollte.

Am anderen Tag grub mein Vater in der hintersten Ecke unseres Gartens unter Brombeersträuchern und Holundergebüsch ein tiefes Loch, und zu dieser Grube trugen wir nacheinander all unsere fünf Petroleumleuchten, die jetzt ihre Schuldigkeit getan hatten. Mit vereinter Kraft warfen wir die alten Lampen in die Grube, sie zerschellten der Reihe nach mit lautem Krachen, und als wir all unsere altmodischen „Flackertanten" auf diese lieblose Weise zu Grabe getragen hatten, stemmte mein Vater auf die versammelte Hinterlassenschaft des düsteren Zeitalters noch einen schweren Felsstein, um zu verhindern, dass die ausgedienten Lampen noch einmal wieder aus der Versenkung auftauchten. Als letztes warf ich mit eigener Hand die alte Tranfunzel in das Grabloch. Sie hatte in all den Jahren neben dem Herd gestanden und im Winter sogar nachts gebrannt, damit sich jeder zurechtfinden konnte, wenn er mitten in der Nacht einmal aufstehen musste. Ich war nachts oft heimlich in die Küche geschlichen, um im trüben Schimmer der Tranfunzel in den Büchern aus dem elterlichen Schrank zu lesen, die ich bei Tage nicht in die Hand nehmen durfte.

Wir gewöhnten uns rasch an das elektrische Licht und sahen es bald als selbstverständlich an, dass man nur am Schalter zu knipsen brauchte, um in einem taghell erleuchteten Raum zu sitzen. Die alte Petroleumzeit war schnell vergessen, und sie blieb es bei mir jahrzehntelang, solange, bis mein eigener Sohn heranwuchs und mir die eigene Kindheit ins Gedächtnis zurückrief. Ich erinnerte mich wieder an die Zeit, als das Fernsehprogramm noch vor dem Küchenfenster lief und unsere eigenen Hühner, Enten und Gänse, unsere Schweine, Schafe und Kühe wenigstens in den Tiersendungen die Hauptrolle spielten.

Und mir kam die alte Petroleumleuchte wieder in den Sinn. In der Erinnerung begann sie in einem ganz neuen Licht zu leuchten, in dem geheimnisvollen und unwiederbringlichen Licht aus dem Goldenen Zeitalter der Kindheit. Die Petroleumlampe wurde nicht bloß angeknipst. Sie wurde alle Tage geputzt. Der Docht musste regelmäßig erneuert werden, der Vorratstank brauchte alle drei Tage neuen Brennstoff. In der Nachkriegszeit war das Petroleum oft knapp, und wir mussten sparsam mit den Vorräten umgehen, so dass wir manches Mal nur eine einzige trübe Lichtquelle im Hause hatten. Für die Pflege der Lampen brauchten meine Eltern viel Zeit, und es war eine umständliche und immer ein wenig feierliche Prozedur, wenn unsere Mutter am Abend endlich alle Dochte zum Glühen gebracht hatte. „Aladins Wunderlampe" – so hieß das Prachtexemplar aus Messing, das in unserer Wohnstube stand – verbreitete im ganzen Haus einen angenehmen und wärmenden Duft. Aber als noch anheimelnder empfand ich den Geruch, der von der Funzel neben dem Herd ausging. Er verband sich mit den Gerüchen des Mittagessens und dem Rauch des Herdfeuers und blieb in Spuren sogar an meiner Kleidung haften, wenn ich aus dem Elternhause fort in die Schule im Nachbarort ging.

Am schönsten habe ich unser altmodisches Petroleumlicht in Erinnerung, wenn an Festtagen alle Lampen in die Stube getragen wurden. Auf dem langen Tisch standen dann alle fünf Leuchten in einer feierlichen Reihe und tauchten alles, was meine Mutter für unsere Gäste zubereitet hatte, in ein strahlendes Licht. Die Gesichter der Nachbarn und der Verwandten leuchteten vor Freude, und in ihren Augen spiegelte sich der helle Schein der Lampen.

Je mehr ich in meinen Kindheitserinnerungen grub, desto stärker wurde in mir der Wunsch, die verlorenen Lichtquellen aus meinen Kindertagen wiederzufinden. Ich kannte noch genau die Stelle, an der ich mit meinen Eltern die alten Lampen beerdigt hatte, und ich träumte nachts davon, an diesen Ort zurückzukehren und die verlorenen Leuchten wieder auszugraben. Eines guten Tages reifte mein Traum zur Tat. Ich reiste in das Dorf meiner Kindheit, das kaum noch wiederzuerkennen war, und ich fand, zurechtgeputzt zum Wochenendhaus eines Großstädters, auch das Strohdach wieder, unter dem ich meine Kindheit in ärmerer Zeit verbracht hatte. Die neuen Hausherren waren verständnisvoll und hatten nichts dagegen, dass ich mich mit einem Spaten auf die Suche nach der verlorenen Kinderzeit machte. Mein Gedächtnis hatte mich nicht betrogen, und es dauerte gar nicht lange, bis ich an der nämliche Stelle auf die ersten Überreste unserer alten Beleuchtung stieß.

Ich fand zuerst die Überbleibsel der alten Tranfunzel, aber als ich sie vorsichtig aufheben wollte, zerbröckelte der Ton in meinen Händen wie loser Sand. Bedächtig grub ich weiter. Nur wenig tiefer fand ich die ersten Scherben von dem Milchglas, das einmal die offenen Flammen unserer Petroleumlampen verdeckt hatte, und ich stieß auf verschiedene Metallteile, Bügel und Drähte – völlig verrostet –, die zu den Füßen unserer

Leuchten gehört haben mussten. Je tiefer ich grub, desto mehr Bestandteile förderte ich ans Tageslicht, aber meine Stimmung verdüsterte sich mit jedem neuen Stück, das ich aus meiner Kindheit hervorholte. Ich musste erkennen, dass die Lampe nicht mehr zu retten war. Sie war vom Zahn der Zeit zerfressen und unwiederbringlich verloren.

Enttäuscht warf ich alle rostigen Splitter zurück in die Grube. Ich schaufelte das Loch, das ich in die Heimaterde gegraben hatte, auf der Stelle wieder zu, gab den Hausherren mit Dank den Spaten zurück und fuhr zurück in die große Stadt. Auch meinen Sohn musste ich enttäuschen. Ich kam statt mit Aladins Wunderlampe, die ich ihm aus der Tausendundeinen Nacht meiner Kindheit heimholen wollte, mit leeren Händen zurück von meiner Reise in die Verlorengegangenheit.

Das Riesenspielzeug

Mein Heimatland an der Niederelbe war flach und lag auf Meeresspiegelhöhe, bis auf wenige Hügel, auf denen die Dörfer gebaut waren. Wir hatten weit und breit nur ein einziges sogar die Kirchtürme überragendes Bauwerk, die Schwebefähre – eine zyklopenartige Stahlkonstruktion, die sich über den Ostefluss spannte. Von ihr herab glitt eine Gondel herüber von einem Ufer zum anderen.

Mein Vater leitete die einklassige Schule in Basbeck am Moor. In seiner ersten Schulstunde für die beiden neuen Schülerinnen der ersten Klasse erklärte er, wie vor grauer Vorzeit die Dörfer in der Gegend entstanden sind.

„Früher", erzählte er, „lebten bei uns Riesen. Eine von den Riesendeerns, Ostara, hatte einmal in Wischhafen an der Elbe am Strand gespielt und beim Burgenbauen ganz vergessen, dass es längst Abend geworden war. Sie lud, so schnell sie konnte, ihre Schürze voll mit Sand und rannte los, damit sie noch vor der Dunkelheit zu ihren Eltern nach Hause kam. Mit einem Riesensatz sprang sie bei Osten über die Oste. Sie kam heil auf der anderen Seite an, aber als sie aufsetzte, sackte sie in die Knie und vor lauter Schreck ließ sie ihre Schürze los. Der ganze Sand, den sie von der Elbe mitgeschleppt hatte, fiel auf die Erde. Nicht auf einen einzigen Haufen, sondern verteilt auf sieben Hügel. Auf denen haben die Menschen später die Dörfer gebaut: Basbeck, Bornberg, Hechthausen, Warstede, Hemm, Heeßel und Westersode."

„Aber warum hat die Riesendeern nicht die Schwebefähre genommen?", wollte Helga Heinsohn wissen.

„Die war viel zu klein für die große Deern," erklärte mein Vater. „Aber wisst ihr denn, wie die Schwebefähre gebaut worden ist?", fragte er seine beiden Erstklässlerinnen.

Alke Finzelberg wusste genau Bescheid: „Einer der Riesenjungens hat zu Weihnachten von seinem Vater einen Stabilbaukasten geschenkt gekriegt. Damit hat er dann die Schwebefähre über die Oste gebaut. Die Gondel hat er für seine kleine Schwester gebastelt, damit sie ihren Puppenwagen heil über das Wasser bringen konnte – bei Ebbe und auch bei Flut!"

„Du bist ein schlaues Mädchen, Alke!", freute sich mein Vater und fügte nur noch hinzu: „Später, als die Riesen längst ausgestorben waren, haben unsere Vorfahren das Riesenspielzeug einfach für sich genommen."

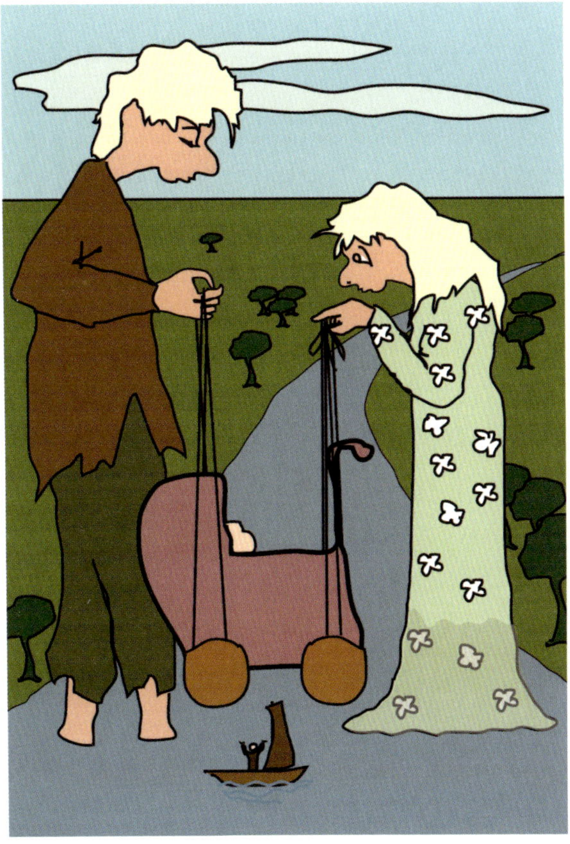

Und dann erzählte er noch, dass es auf der ganzen Welt nur noch eine einzige andere Fähre gibt, die so gebaut ist wie unsere. Die steht im Märchenland. Dort haben die Riesen, noch bevor Jesus geboren wurde, über den Fluss Nil hinweg zwischen den Spitzen von zwei mächtigen aus Steinen gebauten Zelten Seile gespannt. Daran haben sie eine Gondel gehängt, mit der man noch heute aus dem Heuteland in das Morgenland übersetzen kann.

Nachruf auf eine altgediente Mühle

Das Dorf, in dem ich geboren und aufgewachsen bin, lag verstreut über zwei zusammenhängende Sanddünen, die sich wie ein Katzenbuckel über das tischebene Marschland zwischen Elb- und Wesermündung erheben. Auf dem östlichen Hügel stand, der Sonne und den himmlischen Mächten ein Stück näher, die Kirche mit dem Kirchturm, auf dem westlichen Hügel stand die Mühle. Beide Bauwerke blieben bis weit in die Wirtschaftswunderjahre hinein die einzigen Gebäude, die über die Höhe der Bäume herausragten.

Die beiden Wahrzeichen unseres Dorfes, Kirche und Mühle, gehörten zusammen wie Morgen und Abend und waren beide mehr als dreihundert Jahre alt. Die Mühle auf dem Basbecker Mühlenberg ist zum ersten Mal im Jahre 1621 urkundlich erwähnt. Damals ging sie in den Besitz der Familie von Brobergen über, an dieselbe adlige Grundherrschaft, die zwei Jahrzehnte früher die Basbecker Trinitatiskirche gestiftet hatte. Zu jener Zeit galt der Wind noch als der Odem des Herrgotts und darum musste die Lizenz, die Kraft der Winde zu nutzen, auch in aller Form beim zuständigen Stellvertreter

Gottes auf Erden, dem Erzbischof von Bremen und Verden, gepachtet werden. Dafür erhielt die Mühle das Privileg einer Bannmühle. Das bedeutete, dass im weiten Umkreis keine andere Windmühle gebaut und betrieben werden durfte. Das ging so bis ins Jahr 1866, als die Preußen das von den Welfen regierte Königreich Hannover eroberten und an die Stelle der altehrwürdigen Müllerrechte die allgemeine Gewerbefreiheit setzten.

lm Jahre 1890 war die Mühle in den Besitz meines Großvaters mütterlicherseits übergegangen. Meine Mutter war im Schirm und im Schatten der Windmühle aufgewachsen, und solange ich zu Hause im Dorf lebte, hat sie meinen Blick Tag für Tag, ja Stunde um Stunde auf „unsere" Mühle gelenkt, obwohl sie schon längst nicht mehr zum Familieneigentum zählte. Die Stellung der Mühlenflügel zeigte uns zu jeder Tag- und Nachtzeit, woher der Wind wehte. Wenn ihre starken Flügelarme sich drehten, war die Welt in Ordnung, dann brauchte man sich um das tägliche Brot keine Sorgen zu machen, dann liefen die Geschäfte. Als Kind habe ich unzählige Male ehrfurchtsvoll vor Ihrer Majestät der Mühle gestanden und zu ihr emporgeblickt. Das Rauschen ihrer Flügel kam mir zuweilen

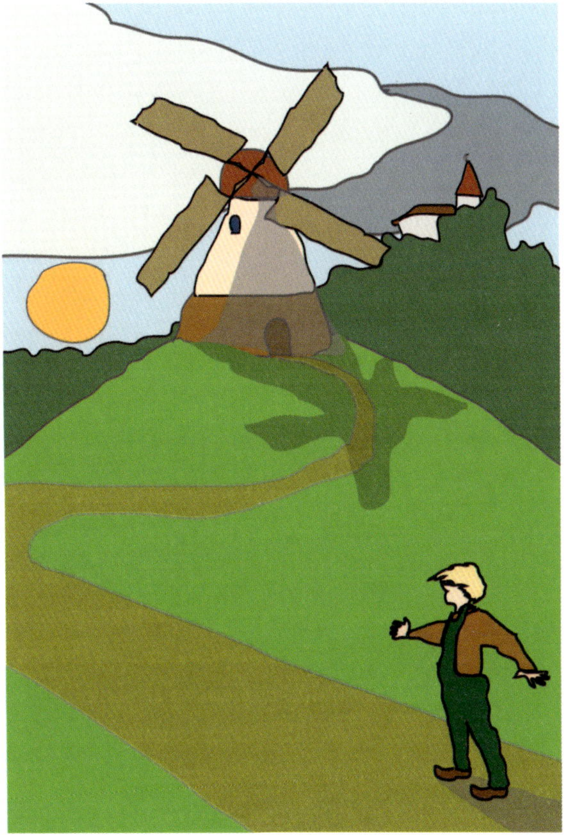

vor wie das Rauschen von Engelsflügeln. Aber selbst wenn ihr Mahlwerk stillstand, flößte mir die Gestalt des Mühlenrumpfes noch Respekt ein. Die Flügel standen nicht einfach still, sie standen wohl eher stramm und nahmen in ihrem Ruhestand immer eine ganz bestimmte Stellung ein. An Sonn- und Feiertagen befanden sich die Flügel in feierlicher Scherenstellung, ebenso beim Läuten der Kirchenglocken, wenn ein Trauergefolge oder ein Brautzug an der Mühle vorüberzog. Standen die Flügel dagegen in Kreuzstellung, so bedeutete das: Für heute ist Feierabend. Oder der Wind war so schwach geworden, dass ihm die Kraft fehlte, das Mahlwerk in Gang zu setzen. Aber Windstille gab es bei uns zu Haus an der Niederelbe nur selten, am ehesten im November, wenn der Nebel schwer auf den Dächern lastete. Dann konnte der Nebel so dick sein, daß die 24 Meter hohe Mühlenkrone vom Erdboden nicht mehr zu erkennen war.

Solange ich ein Kind war, kam mir die Mühle riesengroß vor. Überhaupt hatte sie in meinen Augen etwas Zyklopenhaftes. Sie war zwar ohne Beine, aber dafür besaß sie gleich vier Arme. Mir träumte machmal, diese Arme würden nach mir greifen, wenn ich einmal achtlos an der Mühle vorübergegan-

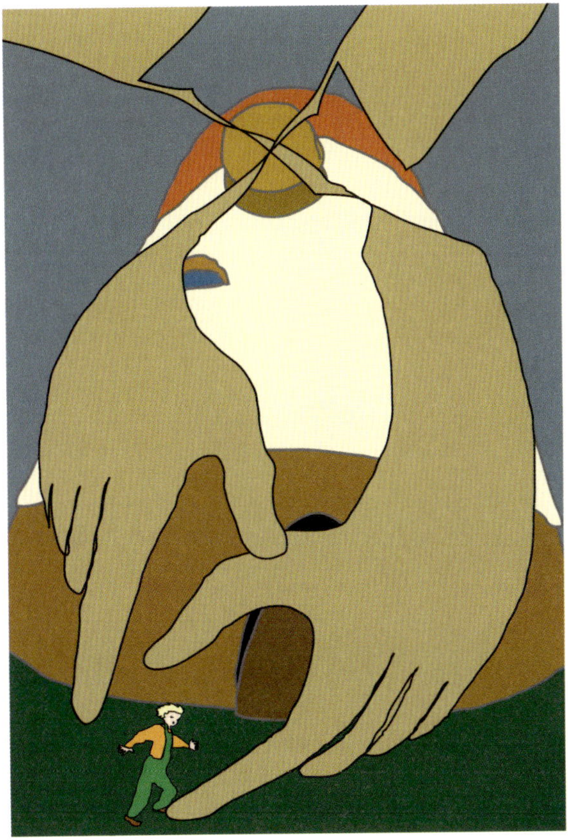

gen wäre und ihr meine Ehrerbietung verweigert hätte. Mir klopfte jedesmal das Herz und ich kam mir vor wie ein kleiner Held, wenn ich die Erlaubnis erhielt, die vielen Holzstufen und -stiegen durch den mit Mehl und Korn prall gefüllten Bauch der Mühle bis an den Rand der Muhlenkrone hochzuklettern, um aus allen vier Luken hinauszuschauen in die weite, weite Welt. In einer Zeit, in der es kein Fernsehen und keine drehbaren Fernsehtürme gab, zählten meine Fernblicke hoch hinab von der Basbecker Mühlenkrone zu den aufregendsten Augenblicken meiner Kindheit. Im Sommer sah ich ein goldenes Ährenfeld, das ging bis an den Rand der Welt. Aber wenn die Aussicht gut war, dann konnte ich vom östlichen Auslug aus die Schiffe auf der Elbe fahren sehen, hinaus in die hohe See und hinein in den Hamburger Hafen. Im Norden war zu erkennen, wie sich die Elbe zwischen Otterndorf und Cuxhaven zur Nordsee öffnete, und wenn man sehr viel Glück hatte, dann war im Westen auch noch Bremerhaven mit der Wesermündung auszumachen. So lag es in seiner unermesslichen Weite vor mir: mein Zweistromland zwischen Elbe und Weser, das nördliche Mesopotamien. Aber es bot den Augen in seiner Unendlichkeit keinen Halt. Der Blick wurde in die

Ferne gelenkt, hinaus auf das Meer, hinüber auf das andere Ufer, nach dorthin, wo England und Amerika lagen. So war ich jedesmal, wenn ich von der Mühlenkrone herabgestiegen und auf dem harten Boden der Basbecker Tatsachen gelandet war, trunken vor Fernweh und von der Sehnsucht, hinter dem Horizont neue Welten zu entdecken.

Einmal war ich heimlich und ganz allein die Mühle hinaufgestiegen. Mein Vater hatte mir weiszumachen versucht, dass sich nicht die Sonne um die Erde, sondern umgekehrt die Erde um die Sonne drehte. Ich wollte das mit meinen eigenen Augen überprüfen. Stundenlang hielt ich Ausschau und beobachtete den Lauf der Sonne. Beruhigt kletterte ich schließlich wieder herunter von der Mühlenkrone. „Und sie dreht sich doch nicht", kam ich triumphierend zurück nach Haus. Noch heute wünsche ich mir manchmal, ich hätte damals recht behalten, und die Erde wäre immer noch der ruhende Pol, die Arche Noah in der Hand ihres Schöpfers, als die sie mir in meinem Kinderglauben erschien.

Aber die Welt meiner Kindheit war alles andere als heil. Meine allerfrüheste Kindheitserinnerung fällt mitten in den Zweiten Weltkrieg. Ich war gerade dreieinhalb Jahre alt, als mich meine Mutter auf ihren Armen mit hinaufnahm in die Mühlenspitze. Es war ein schwülheißer Tag im Juli, und im Bauch der Mühle war es unerträglich drückend. Als wir vor dem offenen Mühlenfenster standen, kam es mir vor, als blickte ich ins offene Höllenfeuer. Der Himmel war bis in den Zenit rauchverhangen, die Sonne war verdunkelt, und von oben herab sahen wir, was von unten aus nicht zu erkennen war: blutige Feuerzungen hatten ein ganzes Viertel des Horizontes erfasst.

„Ganz Hamburg brennt", sagte meine Mutter zu mir, ohne dass ich begreifen konnte, was sie damit meinte. „Ganz Hamburg brennt", wiederholte sie immer wieder, als wir endlich unten waren. „Ganz Hamburg brennt", sagte sie in einem fort, als wir wieder zu Hause waren. Das Feuer am Horizont und die tausendmal wiederholten Worte meiner Mutter sind fast das einzige, was mir vom Feuersturm über Hamburg achtzig Kilometer südöstlich von meinem Heimatdorf im Gedächtnis geblieben ist – und was es für die Menschen in der Stadt zu bedeuten hatte, habe ich erst viel später begriffen. Ich war fast fünfzehn Jahre alt, als ich die große Stadt Hamburg zum ersten Mal mit eigenen Augen sah; damals war sie noch gezeichnet von den Feuerstürmen, die der Bombenkrieg über sie geworfen hatte.

Zwei Jahre, nachdem ich Hamburg von der Mühle herab hatte brennen gesehen, ging der Krieg zu Ende. Dass der Krieg in seinen letzten Tagen glimpflich an unserem Dorf vorüberzog, war auch unserer Windmühle zu danken. Am Morgen eines fast schon sommerlichen Tages im April 1945 wehte hoch oben am Mühlenkranz unübersehbar ein weißes Laken, ein Bettuch aus der Truhe der Müllerfamilie. Es war das sichtbare Zeichen für die bedingungslose Kapitulation des Dorfes vor den heranrückenden englischen und amerikanischen Panzerverbänden. Stunden später rollten Kettenpanzer durch Basbeck, und der Zweite Weltkrieg fand sein Ende, ohne dass den Menschen, den Häusern und den Bäumen im Ort größerer Schaden zugefügt wurde.

Zu Füßen der Mühle gab es eine mächtige Sandgrube, ein herrlicher Spielplatz für alle Dorfkinder. Wenn immer das Wetter und die Weltlage es zuließen, waren wir dort und spielten im Sand. Unser Spielzeug bestand hauptsächlich aus den Hinterlassenschaften des Krieges, aus Kanistern, Spaten, Stahlhelmen, Stiefeln und aus Blechgeschirr, wir dachten uns nichts Böses dabei. Auch nicht, als es an einem schönen Nachmittag im Juni 1945 plötzlich einen lauten Knall gab und wir alle von einem gewaltigen Sturmwind zu Boden geschleudert wurden. Den meisten Kindern, auch mir und meinen beiden Schwestern, war nichts passiert, und wir kamen mit dem Schrecken davon. Nur unsere Cousine Hilke nicht, die zuletzt mit der Eierhandgranate gespielt hatte. Die Explosion hatte ihr Arme und Beine vom Leib gerissen. Nur ihr Gesicht war unversehrt und schien uns zuzulächeln, als sich ihre Kinderseele vom Körper und ihren irdischen Spielgefährten verabschiedete.

Fortan war es uns streng verboten, im Sand unter der Mühle zu spielen. Die Sandgrube wurde mit Stacheldraht abgezäunt und wuchs mit den Jahren zu. Da in der Nachkriegszeit auch viel Korn aus dem Ausland, vor allem aus Amerika, vermahlen wurde, fiel mancher fremde Unkrautsame auf den Boden des Mühlenberges und trieb dort die seltsamsten Blüten. Im Mühlensand wuchsen Unkräuter und Blumen, die es sonst nirgends gab: Mohnblüten, viel roter und üppiger als die, die für gewöhnlich am Wegrand zu finden waren, knallig gelbe Rapsbüsche, meerblaue Lupinen, virginische Nachtkerzen, bunte Löwenmäuler und Wicken in den verschiedensten Farbmischungen. Dazu kamen Gräser, die in der freien Natur sonst nirgends zu entdecken waren. Meine erste Eins in Biologie verdankte ich dem Sandberg unterhalb der Basbecker Mühle. Im Sommer sammelte ich dort vor jeder Unterrichtsstunde ein paar von den seltenen Pflanzen und Blumen und setzte damit meinen Lehrer in Erstaunen.

So verband die Windmühle unser Dorf auf die eine oder andere Weise mit der großen, weiten Welt. Ihre Flügel brachten uns in Verbindung mit dem Atem der Weltgeschichte. Wie so vieles ist auch die Entdeckung der Windenergie auf die muslimischen Perser und Araber zurückzuführen. Die älteste Mühlenbeschreibung stammt aus dem Jahre 947 und betrifft ein regelrechtes Windkraftwerk, das gottesfürchtige Ingenieure in der persischen Provinz Seistan errichtet haben. Diese Mühle diente nicht nur zum Kornmahlen, sondern auch zum Wasserschöpfen und zum Entfernen von Wüstensand. Als die Araber, beflügelt von der Botschaft ihres Propheten, bis nach el-Andalus vordrangen und in Spanien und Portugal eine blühende Landwirtschaft entwickelten, kamen sie auf die Idee, die Kraft des vom Atlantik herüberwehenden Westwindes für die Bewässerung ihrer Felder zu nutzen. Ihre Mühlenflügel bestanden noch aus reißfestem Segeltuch, so dass die spanisch-arabischen Mühlen bis in die Zeiten Don Quixotes aussahen wie auf dem Land gestrandete Schwestern der großen Segelschiffe. Über die spanischen Niederlande wanderten die Windmühlen zu Beginn der Neuzeit bis nach Nordwestdeutschland. Weil die Winde dort ungleich stärker waren als im Schatten der Alhambra, sahen sich die Mühlenbauer genötigt, statt der Segel hölzerne Flügel zu verwenden. In dieser Gestalt kam die „Holländermühle" zu Beginn des 17. Jahrhunderts auch an die Niederelbe. Ihre Betreiber waren oft strenggläubige Mennoniten, die wegen ihres Glaubens ihre niederländische Heimat verlassen mussten und buchstäblich in alle Winde verschlagen wurden.

Wegen ihres Ketzerglaubens und wegen ihrer Nähe zum launenhaften Wind galten die Müller seit alters her als unsichere Kantonisten, auf die wenig Verlass war. Dieser Verdacht fand seinen Ausdruck in unzähligen Sprichworten: „Wetter und Winde sind Müllers Gesinde." Dem Volksmund zufolge waren die Müllersleute gleichsam geborene Wendehälse. Sie hatten die Nase immer vorn und hängten ihr Fähnchen nach dem Wind. Besonders die Müllerstöchter galten als Windsbräute, leichtlebig und leicht verführbar: „Müllers Mädchen sind schneller als der Wind, noch Jungfrau, und schon das erste Kind." Die Söhne der Müller wurden als Spinner und Spökenkieker verdächtigt. Ein typisch missratener Müllerssohn war in den Augen des Dorfes mein Onkel Alfred Vagts, der älteste Bruder meiner Mutter. Ihm genügten die Mühlenflügel nicht. Er sattelte statt dessen das geflügelte Pferd der Poesie, um sich auf und davon zu machen. Er schrieb leidenschaftliche expressionistische Gedichte, geriet nach dem Ersten Weltkrieg in die Wirren der Bayerischen Räterepublik und wurde später als angesehener Historiker ein Pionier der deutsch-amerikanischen Verständigung. Zur Strafe dafür wurde ihm von Hitler die deutsche Staatsbürgerschaft aberkannt. Alfred Vagts fand schließlich im fernen Amerika Asyl und eine neue Existenz. Er ist von dort außer zu einigen kurzen Besuchen nie mehr in seine niederelbische Heimat zurückgekehrt, aber er blieb seinem Elternhaus im Schatten der Mühle dennoch ein Leben lang verbunden. Als ich als Kind mit meinem Onkel in Amerika regelmäßig Briefe zu wechseln begann, musste ich ihm jedesmal der Länge und der Breite nach berichten, was es Neues von der Mühle gab. In seinem Haus in Connecticut hing bis zu seinem Tode ein farbenfrohes und beinahe südländisch anmutendes Aquarellbild von der Basbecker Mühle. Niemand anders als sein Jugendfreund Adolf Ziegler, der spätere Schamhaarlockenspezialist des großen Führers, hatte es 1922 nach einem Ferienaufenthalt in Basbeck für ihn gemalt, zu einer Zeit, als sich beide noch einig waren in ihren linken Weltverbesserungsideen.

Elf Jahre später war mein Onkel aus dem Lande verjagt, und sein Malerfreund saß mit Hitler und Goebbels an einem Tisch. Heute hängt Zieglers Mühlenbild in der Kunstsammlung der Harvard-Universität, als ein Beispiel für die „Neue Sachlichkeit" der Weimarer Republik in Deutschland.

Das Bild wird bewahrt, allen Stürmen und Umbrüchen der Zeit zum Trotz. Doch die Basbecker Mühle steht schon lange nicht mehr. Es war ein Tod auf Raten. Der Orkan vom 17. Februar 1962, der zu der großen Sturmflut in Norddeutschland führte, setzte ihren Flügeln und der Holzverschalung ihres Rumpfes so stark zu, dass sie fortan aussah wie ein gerupfter Engel. Sie wurde nie mehr repariert und begann zusehends zu verfallen. In einer Julinacht im Jahre 1980 gaben ihr die

Flammen den Rest. Die Holzkonstruktion brannte lichterloh, und als die Feuerwehr beginnen wollte, das Feuer zu löschen, stürzte die ganze Mühle mit lautem Getöse in Schutt und Asche. Das Wahr- und Wegzeichen meines Heimatdorfes, das dreieinhalb Jahrhunderte lang Bestand und Bedeutung gehabt hatte, war für immer dahin. Es verschwand zu einer Zeit, als die Menschen meiner Heimat zum ersten Mal seit Jahrhunderten wieder über den Wert der natürlichen Energien nachzudenken begannen.

Gibt es eine umweltfreundlichere und sanftere Energiequelle als die Mühle, die sich einzig und allein der Kraft des Windes bedient? Soweit ich mich erinnere, waren die Mühlenflügel fast immer in Bewegung. Die Mühle war beinahe ein Perpetuum mobile, ein Wunderwerk an Ausdauer und Kraft. Über der Waage, am großen Mühlentor, hing der Wahlspruch des Müllermeisters: „Der Wind ist mein Geselle und ist mir stets zur Stelle. Ein Gaul, der alle Tage fleißig ist und keinen Humpen Hafer frisst."

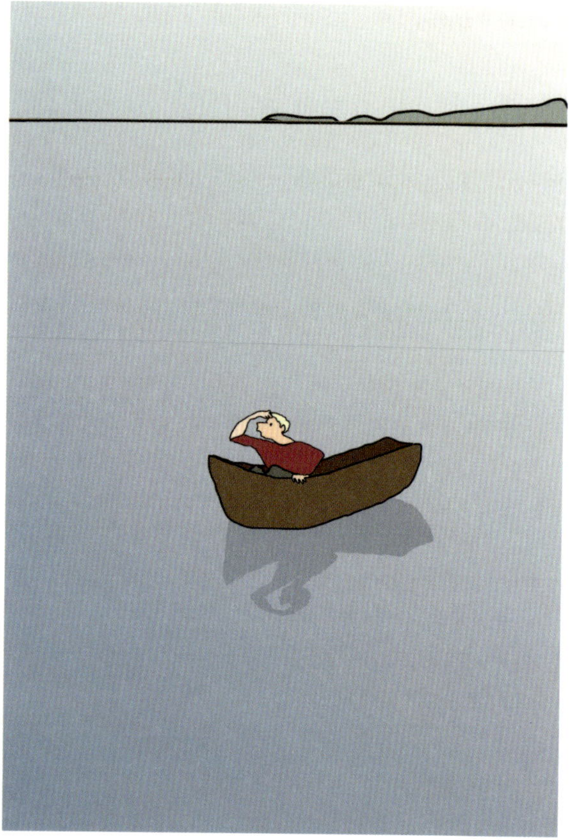

Der alte Maler

Der alte Rusch hatte Geburtstag, ich denke, es war sein 93ster. Er war weit und breit der älteste Mensch, den ich kannte. Von Beruf war er Kunstmaler, und mein Vater, der ihn schon in seiner Kindheit kennengelernt hatte, hielt große Stücke auf ihn.

Der kann ebenso gut malen wie die berühmten Leute aus Worpswede, nur kennt ihn keiner, meinte mein Vater. Ich stand damals auf Picasso und hielt das, was die heimischen Künstler hervorbrachten, samt und sonders für altbackenen Kitsch.

Mein Vater, der in Osten Lehrer war, meinte, er müsse dem alten Mann gratulieren, und lud mich ein, ihn bei seinem Besuch zu begleiten. Ich tat ihm den Gefallen, wenn auch wider Willen und besseren Wissens. Mit sechzehn war ich in einem Alter, in dem ich alles besser wusste. Dementsprechend setzte ich sofort meine altkluge Miene auf, als der alte Rusch, offensichtlich erfreut über den Besuch eines jugendlichen Interessenten, begann, mir in seiner Dachkammer über dem Ostedeich einige seiner Ölbilder zu zeigen, allesamt Bilder von Osten und der Oste. Ich fühlte mich in meinen Vorurteilen bestätigt und zog den Maler in ein regelrechtes Kreuzverhör.

Alles schön, Herr Rusch, fast zu schön, meinte ich, aber sagen Sie, warum ist auf Ihren Bildern nicht Ostens größtes Bauwerk zu sehen, die Schwebefähre?

Der alte Rusch schien diese Frage zu kennen und ließ sich nicht aus der Ruhe bringen. Ganz einfach, mein Junge, antwortete er, die passt nicht in mein Bild, in mein Bild von der Oste.

Warum nicht? wollte ich wissen.

Ich male, meinte der Alte, ganz nach der Natur. Und diese Schwebefähre, die ist Technik, die passt mir einfach nicht ins Bild. Als ich so alt war wie du, da hab ich die Oste so gesehen, ohne dieses Monster von Schwebefähre.

Er zeigte mir ein anderes Bild, auf dem ein alter Prahm zu sehen war, der gerade vom Ufer ablegte. Ich schaute mir das Bild genauer an, und mit fachmännischem Auge fand ich bald einen neuen Ansatz für meine kritischen Anmerkungen.

Ich sehe, Herr Rusch, eine Prahmfähre, die abfährt, ich sehe ein altes Fährhaus, ich sehe ein Lücke im Deich, aber ich frage Sie: Wo bitte kommt die Fähre an? Sie zeigen das andere Ufer, aber da ist nirgends ein Fähranleger, an dem der Prahm festmachen kann. Der Alte fragte meinen Vater, der ziemlich entsetzt war über meine Mäkelei:

Was will dein Sohn einmal werden? Kunstkritiker? Die Leute kann ich nicht ausstehen.

Mein Vater wehrte ab: Nein, nein, der will Dichter werden.

Damit war Rusch zufrieden, und er wandte sich wieder mir zu. Mein Jung, wenn du Dichter werden willst, dann brauchst du genauso wie ich ein bisschen Phantasie. Dann musst du wissen, die Oste ist ein Fluss, der immer fließt. Wie das Leben. Du steigst an einem Ufer in das Boot ein und kannst nie wissen, wo du ankommst. So ist das in unserem Leben. Ich bin jetzt alt, und irgendwann muss ich auf die Fähre steigen, die mich rüber bringt ans andere Ufer, aber wo die Fähre dann anlegt, das weiß ich beim besten Willen nicht. Du fährst rüber, mein Jung, aber wo du am Ende landest, das weißt du nicht. Oder weißt du das schon, du Neunmalkluger?

Nein, auf Ruschs Frage hatte ich keine Antwort. Damals nicht. Mein Vater drängte zum Aufbruch, er wollte dem alten Mann nicht noch mehr Verdruss bereiten und entschuldigte sich für den Geburtstagsärger, den ihm sein naseweiser Sohn bereitet hatte.

Da nicht für! meinte Rusch zum Abschied. Es klang, daran erinnere ich mich gut, nicht übelgelaunt.

Wir spielen Hochzeit

Mein Vater hatte alle Schulkinder schon um zehn wieder nach Hause geschickt. Alle Großen aus dem Dorf waren noch vor Mittag in einem Leichenzug zum Basbecker Friedhof aufgebrochen. Trauerfeiern auf dem Lande zogen sich früher samt dem Abschiedsumtrunk in die Länge, und so war mit der Rückkehr unserer Eltern nicht vor dem Abend zu rechnen. Darum hatten wir Kleinen an diesem Nachmittag die Oberhand. Wir trafen uns ohne erwachsene Aufsicht auf dem Pausenhof vor unserem Schulhaus.

Wir waren uns schnell einig: Wir spielen Hochzeit! Wie eine Hochzeit gefeiert wird, das wussten wir aus eigener Anschauung. In Basbeck am Moor war es Brauch, dass zu den Hochzeitsfeiern auf Dohrmanns Diele alle Dorfbewohner eingeladen wurden, auch wir Kinder. Beinahe jeder von uns hatte schon einmal eine solche Hochzeitsfeier miterlebt, und jeder Junge und jedes Mädchen träumte davon, einmal als Bräutigam oder Braut von allen Mooranwohnern bewundert, beschenkt und bejubelt zu werden. Zuallererst, noch vor der eigentlichen Zeremonie, trat der Hochtiedsinbitter auf den Plan.

Robert Ebeling, Sohn des Kreisschornsteinfegermeisters, deklamierte feierlich, im Orgelton seines Vaters, die förmliche Einladung: „Hört, ihr Leute! Hört die frohe Kunde! Allen Bewohnern von Basbeck am Moor sei durch mich kund und zu wissen gegeben: Am Freitag, dem 28. August 1949, wird im Gasthof Dohrmann, Sandweg 1, die Eheschließung des Brautpaares Peter Schütt und Inge Schütt, geborene Schmude, feierlich vollzogen. Im Namen des glücklichen Paares lade ich alle wohlanständigen Bürger zum Hochzeitsschmaus ein. Die Köst soll um drei Uhr am Nachmittag beginnen und um Mitternacht endigen." Als Sohn des Lehrers fiel mir die Rolle des Bräutigams zu. Zur Feier meines Hochzeitstages hatte ich die alte Lederjacke meines Vaters übergestülpt. Meine Braut trug das nicht mehr ganz unschuldsweiße Leinennachthemd meiner Mutter. Ihr Kopf war mit einem Jungfernkranz aus blauen Kornblumen gekrönt. Zuerst spielten wir den Einzug des Brautpaares. Hinter uns folgten meine beiden Schwestern und alle drei ihrer Mitschülerinnen als Ehrenjungfrauen. Uns voran gingen die beiden Erstklässler aus Vaters Schule und streuten Blumen auf unseren Weg ins Eheglück. Sie zauberten einen Blütenteppich aus weißem und rotem Klee, aus blauen

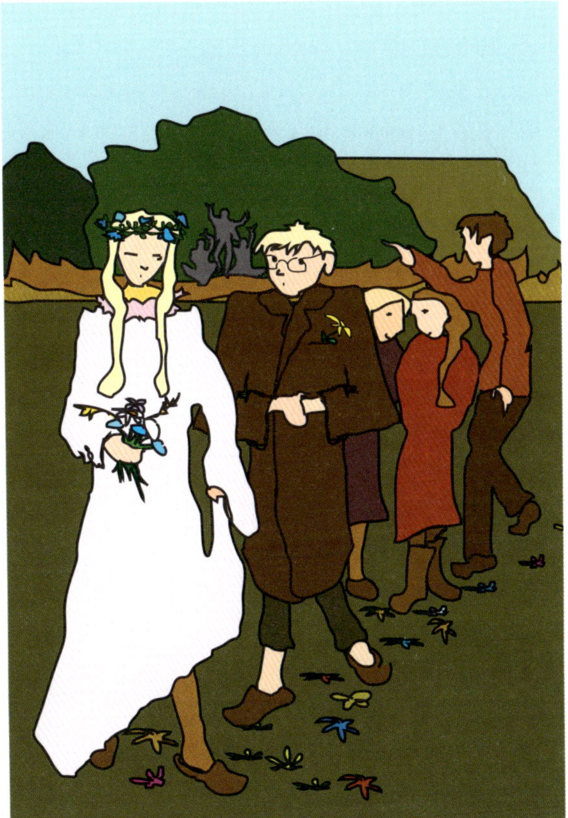

Kornblumen, rotem Mohn und Goldrauten. So umrundeten wir mehrere Male feierlich den ganzen Schulhof, bis endlich Robert Ebeling diesmal als Pastor seines Amtes waltete. Statt eines Talars hatte er sich die pechschwarze Schornsteinjoppe seines Vaters übergestreift. Er hob beide Hände, um uns zu segnen. Meine Braut und ich mussten vor ihm auf die Knie fallen. Mit seinen dreckigen Pfoten fuhr er uns beiden über unser strohblondes Haar, aber von seinen Dreckspuren nahm keiner Notiz. Endlich fragte er meine Braut: „Bist du, Jungfrau Inge Schmude, guten Willens und bereit, den Herrn Doktor Peter Schütt zu deinem angetrauten Ehemanne auszuerwählen?" „Wieso Doktor?", fragte meine kleine Schwester Lisa dazwischen. „Ja", antwortete unser Pastor, „der hat doch jetzt schon eine Brille auf der Nase. Der wird später bestimmt mal so ein naseweiser Doktor!" Da hatte ich mal wieder mein Fett weg, aber ich überhörte den Spott und lauschte stattdessen dem Jawort meiner Braut: „Ja, ich bin bereit!", sagte Inge Schmude so laut, dass es alle hören konnten, aber mir flüsterte sie ins Ohr: „Das bild dir man bloß nicht ein, du Schlappschwanz!" Dann wurde die Frage aller Fragen an mich gerichtet, und ich antwortete trotz alledem mit Ja und Amen. Nach der Trauung setzten wir uns alle im Kreise nieder, und es wurde zum Hochzeitsschmaus geladen. Den hatten unsere Mädchen mit viel Mühe und Liebe aus den nachbarlichen Gärten zusammenstiebitzt. Extra für das Brautpaar gab es Zuckererbsen. Ich öffnete für meine Braut eine Schote, sie stopfte mir die von ihr ausgepulten Erbsen in den Mund. Für all unsere Hochzeitsgäse wurden als Hauptgang Kohlrabi, Wurzeln und Gurken aufgetragen. Zum Nachtisch wurden frisch gepflückte Kirschen, Stachel-, Blau-, Brom-, Him- und Johannisbeeren serviert. Doch es blieb nicht bei diesen heimischen Leckereien. Die drei indischen Soldaten, unsere Heiligen Drei Könige, die unser Spiel von der anderen Kanalseite beobachtet und uns schon gelegentlich zugewunken hatten, standen mit einem Male mitten unter uns und boten uns als ihre Hochzeitsgeschenke Kostproben von ihren tropischen Köstlichkeiten an: Feigen, Datteln und Pistazien, Paradiesfrüchte, die die meisten von uns in diesem glücklichen Augenblick wohl zum ersten Mal in den Mund nahmen. Einer der Soldaten, der mit dem schwarzen Schnurrbart, setzte sich auf einen Baumstumpf und nahm mich, den Bräutigam, zu sich auf den Schoß. Er öffnete umständlich die Rückentasche seiner dreiviertellangen Uniformhose, kramte einen Umschlag hervor und hielt mir aus seiner Zettelsammlung ein schon ziemlich zerknittertes Foto vor die Augen. Auch wenn ich kein Wort Urdu verstand, so begriff ich doch: Dieses Bild war sein ganzer Stolz, es zeigte seine Tochter – ein bildschönes Mädchen mit großen schwarzen Haaren und sehr langem glattem schwarzem Haar, ein ein strahlend schönes Mädchengesicht, wie ich es vorher noch nie gesehen hatte. Der Soldat versuchte geduldig, mir den Namen seiner Tochter anzuvertrauen. Leider habe ich mir ihren fremden Namen nicht richtig gemerkt, aber den dreisilbigen Klang mit der Vokalfolge a-i-a habe ich mein Leben lang im Ohr behalten. Tiefer noch hat sich mir das Gesicht mit den geheimnisvollen unergründlichen Augen ins Gedächtnis eingeprägt. Später im Leben bin ich auf der Welt ziemlich weit herumgekommen, immer in der heimlichen Hoffnung, diesen Augen eines Tages wieder zu begegnen. Und so ist es, Gott, dem Lenker unserer Wege, sei Dank, geschehen. Eines guten Tages kreuzten sich unsere Wege und begegneten sich unsere Blicke. Es hat ein wenig gedauert, bis wir einander in die Augen schauen konnten, denn meine Seelenbraut ist nicht an der Oste geboren, sondern an einem viel mächtigerem Strom, zwischen den weit ausgebreiteten fünf Armen des Indus im pakistanischen Panjab.

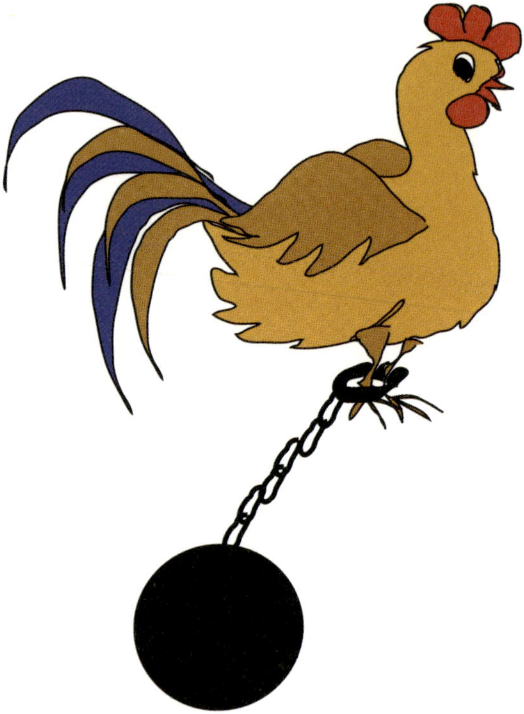

Wiedergeburt

Heute Nacht im Traum bin ich aufgewacht. Ich lag auf meinem strohgefüllten, immer ein wenig kitzeligen Kinderbett und lauschte durch das offene Fenster hinaus in das Dorf. Es war sehr still. Kein Blatt rührte sich. Auf Bauer Jungclaus' Hof muhte Margaretha, seine fleißigste Kuh. Weit weg schlug ein Hund an. Und irgendwann, viel später, krähte Johann, unser Hahn, zum ersten Mal. Wieviele Leben ist das her!

Die Katze, sagte meine Mutter, hat neun Leben. Wir haben viele Leben. Hinter uns. Vor uns. Ungefähr alle sieben Jahre, sagte Goethe, werden wir neu geboren. Fast vergessen – unsere Kindheit. Unser Leben im Mutterleib. Unser Leben davor. Bin ich nicht zuerst als Kieselstein ans Elbufer gespült worden? Bin ich nicht als Wollgrasflöckchen übers Teufelsmoor gesegelt? Bin ich nicht zuerst als Storch nach Afrika geflogen? Als ich im ehemaligen Sklavengefängnis auf der Insel Goré ankam, kam mir alles sehr bekannt vor. Ich ahnte, dass ich schon einmal dagewesen war. Vor langer Zeit. Vor meiner Zeit.

Peter Schütt wurde 1939 in Basbeck an der Niederelbe, heute Hemmoor, geboren und verbrachte die prägenden Jahre seiner Kindheit unter dem Strohdach der einklassigen Volksschule Basbeck am Moor, die von seinem Vater geleitet wurde. Zum Entsetzen der Familie wurde er in seiner Studentenzeit politisch bei den 68ern aktiv, schloss aber trotzdem das Studium mit einer Dissertation über Andreas Gryphius ab.
Seit über drei Jahrzehnten lebt er in Hamburg-Eppendorf und schafft Gedichte und Erzählungen, die in zahlreiche Sprachen übersetzt wurden.
Er hat die Welt bereist und sich einen Namen als Brückenbauer zwischen den Kulturen gemacht. Er ist zum Islam konvertiert.
Aktuelle Buchveröffentlichungen: *Notlandung in Turkmenistan*, *Allahs Sonne lacht über der Alster*, *Von Basbeck am Moor über Moskau nach Mekka* u. a.

Petra Hempel wurde 1956 in Stuttgart geboren. Seitdem sie einen Stift halten kann, zeichnet sie und ist diplomierte Kunstpädagogin und -therapeutin, Malerin und Bildhauerin. Sie wohnt in Fischerhude und arbeitet im Verlag Atelier im Bauernhaus als Illustratorin.